CONTEÚDO DIGITAL PARA ALUNOS

Cadastre-se e transforme seus estudos em uma experiência única de aprendizado:

1

Entre na página de cadastro:

https://sistemas.editoradobrasil.com.br/cadastro

2

Além dos seus dados pessoais e dos dados de sua escola, adicione ao cadastro o código do aluno, que garantirá a exclusividade do seu ingresso à plataforma.

1384709A1044319

3

Depois, acesse:

https://leb.editoradobrasil.com.br/

e navegue pelos conteúdos digitais de sua coleção **:D**

Lembre-se de que esse código, pessoal e intransferível, é valido por um ano. Guarde-o com cuidado, pois é a única maneira de você acessar os conteúdos da plataforma.

CB029501

Editora
do Brasil

BRINCANDO COM HISTÓRIA E GEOGRAFIA

ORGANIZADORA: EDITORA DO BRASIL

5

ENSINO
FUNDAMENTAL

5ª EDIÇÃO
SÃO PAULO, 2020

Editora
do Brasil

Dados Internacionais de Catalogação na Publicação (CIP)
(Câmara Brasileira do Livro, SP, Brasil)

Brincando com história e geografia 5 : ensino
   fundamental / organização Editora do Brasil. --
   5. ed. -- São Paulo : Editora do Brasil, 2020. --
   (Brincando com)

   ISBN 978-65-5817-238-3 (aluno)
   ISBN 978-65-5817-239-0 (professor)

   1. Geografia (Ensino fundamental) 2. História
(Ensino fundamental) I. Série.

20-42342   CDD-372.89

Índices para catálogo sistemático:

1. História e geografia : Ensino fundamental   372.89

Maria Alice Ferreira - Bibliotecária - CRB-8/7964

© Editora do Brasil S.A., 2020
Todos os direitos reservados

Direção-geral: Vicente Tortamano Avanso

Direção editorial: Felipe Ramos Poletti
Gerência editorial: Erika Caldin
Supervisão de arte: Andrea Melo
Supervisão de editoração: Abdonildo José de Lima Santos
Supervisão de revisão: Dora Helena Feres
Supervisão de iconografia: Léo Burgos
Supervisão de digital: Ethel Shuña Queiroz
Supervisão de controle de processos editoriais: Roseli Said
Supervisão de direitos autorais: Marilisa Bertolone Mendes

Supervisão editorial: Júlio Fonseca
Edição: Andressa Pontinha e Nathalia C. Folli Simões
Assistência editorial: Manoel Leal de Oliveira
Auxílio editorial: Douglas Bandeira
Especialista em copidesque e revisão: Elaine Cristina da Silva
Copidesque: Giselia Costa, Ricardo Liberal e Sylmara Beletti
Revisão: Amanda Cabral, Andréia Andrade, Fernanda Almeida, Fernanda Sanchez, Flávia Gonçalves,
Gabriel Ornelas, Jonathan Busato, Mariana Paixão, Martin Gonçalves e Rosani Andreani
Pesquisa iconográfica: Daniel Andrade, Enio Lopes e Priscila Ferraz
Assistência de arte: Daniel Campos Souza
Design gráfico: Cris Viana
Capa: Megalo Design
Edição de arte: Samira de Souza
Imagem de capa: Nicolas Viotto
Ilustrações: Alessandro Passos da Costa, Carolina Sartório, Cláudio Chiyo, Cristiane Viana, DAE,
Dimitrius Ramos/Schutterstock, Esin Deniz/Schutterstock, Estúdio Ornitorrinco, Fábio Nienow, Hugo Araújo, Jótah,
Luis Moura, Paula Haydee Radi, Raitan Ohi, Ricardo Ventura, Rodval Matias, S-Belov/Schutterstock, Sônia Vaz,
Stúdio Caparroz e Tarcísio Garbellini
Produção cartográfica: DAE (Departamento de Arte e Editoração)
Editoração eletrônica: N Public/Formato Editoração
Licenciamentos de textos: Cinthya Utiyama, Jennifer Xavier, Paula Harue Tozaki
e Renata Garbellini
Controle de processos editoriais: Bruna Alves, Carlos Nunes, Rita Poliane,
Terezinha de Fátima Oliveira e Valéria Alves

5ª edição / 5ª impressão, 2024
Impresso no parque gráfico da PifferPrint

Avenida das Nações Unidas, 12901
Torre Oeste, 20º andar
São Paulo, SP – CEP: 04578-910
Fone: +55 11 3226-0211
www.editoradobrasil.com.br

APRESENTAÇÃO

Querido aluno,

Este livro foi escrito especialmente para você, pensando em seu aprendizado e nas muitas conquistas que virão em seu futuro!

Ele será um grande apoio na busca do conhecimento. Utilize-o para aprender cada vez mais na companhia de professores, colegas e de outras pessoas de sua convivência.

Ao estudar História e Geografia, você vai descobrir como nós, seres humanos, convivemos e como modificamos o espaço ao longo do tempo até chegar à atual forma de organização. Você vai aprender a ler o mundo!

Com carinho,
Editora do Brasil

DISCIPLINAS

HISTÓRIA

Esin Deniz_Shutterstock

SUMÁRIO

VAMOS BRINCAR

1 Complete as frases a seguir.

a) Em 1555, os franceses ocuparam parte da _____.

b) A Confederação dos Tamoios foi um _____ em 1556, que se opunha aos portugueses.

c) Em 1612, os franceses ocuparam a região do _____ e fundaram a França Equinocial.

2 Observe o mapa a seguir e responda às questões.

Brasil: ocupação holandesa

José Jobson de A. Arruda. *Atlas histórico básico*. 17. ed. São Paulo: Ática. 2011. p. 37.

a) Os holandeses ocuparam quais regiões do Brasil?

_____

_____

b) Qual foi o período de maior expansão da ocupação holandesa?

_____

3 Complete a linha do tempo com o nome das revoltas coloniais.

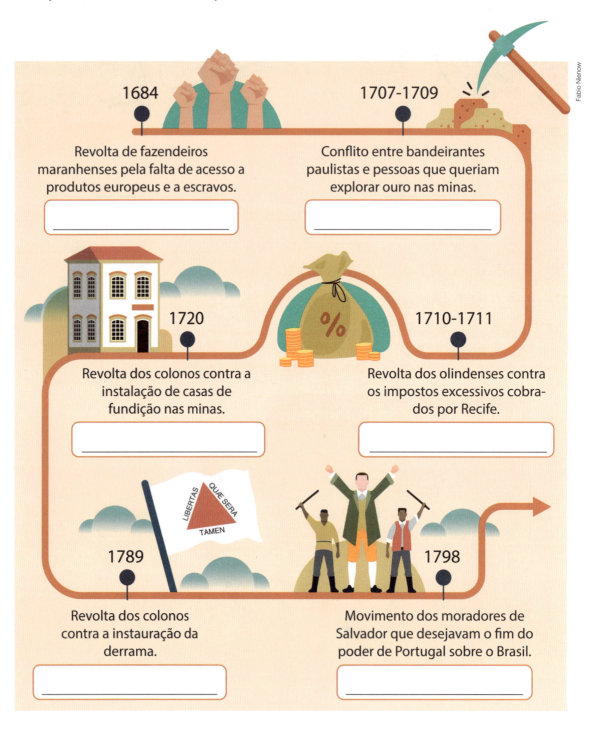

1684

Revolta de fazendeiros maranhenses pela falta de acesso a produtos europeus e a escravos.

_____

1707-1709

Conflito entre bandeirantes paulistas e pessoas que queriam explorar ouro nas minas.

_____

1720

Revolta dos colonos contra a instalação de casas de fundição nas minas.

_____

1710-1711

Revolta dos olindenses contra os impostos excessivos cobrados por Recife.

_____

1789

Revolta dos colonos contra a instauração da derrama.

_____

1798

Movimento dos moradores de Salvador que desejavam o fim do poder de Portugal sobre o Brasil.

_____

Fabio Nienow

4 Usando somente vogais, complete a frase a seguir, que explica o motivo da mudança da família real portuguesa para o Brasil em 1808.

___ g___v___rn___nt___ d a Fr___nç___,

N___p___l___ ___ B___n___p___rt___,

___m___ç___v___ ___nv___d___r P___rt___g___l.

5 Localize no diagrama a seguir o nome das revoltas regenciais.

V	B	O	X	K	M	G	S	V	D	A	G	H	A	O	Q
F	A	R	R	O	U	P	I	L	H	A	Y	K	B	Z	K
C	G	E	M	N	Y	I	A	U	I	Q	X	A	F	Y	G
H	S	V	M	W	N	Y	X	O	S	H	M	V	N	G	Z
F	R	O	X	N	J	V	Z	X	Ô	W	F	I	Y	I	Y
M	H	L	E	N	H	F	J	S	H	Z	J	Y	C	A	D
A	É	T	O	Q	B	Z	U	I	Ê	M	N	V	A	I	V
L	C	A	G	S	M	M	N	O	E	B	C	F	B	P	W
W	Z	D	Q	L	C	Q	X	W	O	A	J	M	A	O	Y
Q	Z	O	A	B	B	S	G	X	X	N	U	X	N	A	W
G	A	S	A	W	U	A	G	S	A	B	I	N	A	D	A
E	O	M	T	X	U	R	H	O	U	E	D	E	G	G	Y
O	B	A	L	A	I	A	D	A	G	R	M	E	E	M	R
E	U	L	F	H	K	U	B	H	Á	I	U	W	M	X	H
A	Y	Ê	H	Y	T	Y	W	Y	V	D	M	N	K	T	Y
W	G	S	U	P	D	G	U	H	O	Y	E	E	A	A	H

6 Complete a linha do tempo com o nome das leis contra a escravidão publicadas no Brasil.

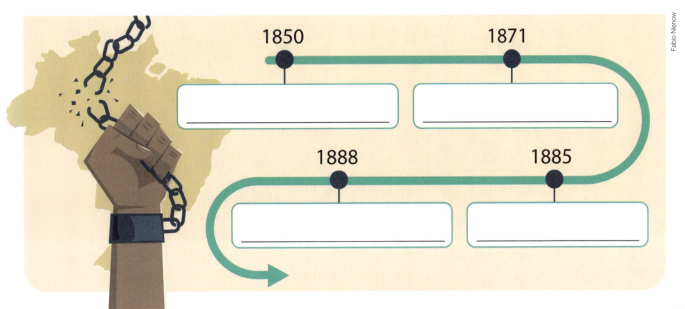

1850

1871

1888

1885

Fabio Nienow

A HISTÓRIA E O TEMPO

A sociedade em que vivemos passa por diversas mudanças. A todo momento, novos fatos acontecem em diversas partes do Brasil e do mundo. As pessoas mudam de casa, de emprego, de escola. Além disso, diferentes governantes são eleitos e muitas leis são modificadas.

Um dos maiores objetivos do estudo da História é justamente entender as mudanças na sociedade ao longo dos anos. Por isso, é muito importante conseguir medir a passagem do tempo. Assim, conseguimos saber a que época estão relacionados diferentes acontecimentos, costumes e objetos.

BRÉSIL — Ladeira

Rodolpho Lindemann

Marcio Carqueija/Fotoarena

As fotografias mostram a Ladeira e a Igreja dos Aflitos, em Salvador, capital da Bahia. A fotografia 1 foi tirada em 1900 e a 2, em 1970. Comparando as imagens, podemos ver as alterações que ocorreram nesse local.

Medir a passagem do tempo

A medição da passagem do tempo pode ser feita de várias formas, com o uso de diferentes instrumentos, como relógios e calendários.

A forma mais comum de medir a passagem do tempo é dividi-lo em horas, dias, semanas, meses, anos, **séculos** e **milênios**.

No Brasil, utilizamos o calendário gregoriano, que tem como base o ano em que se acredita que Jesus Cristo tenha nascido. Desse modo, o primeiro século do nosso calendário iniciou no ano 1 e terminou no ano 100; o século 2 começou no ano 101 e terminou no ano 200, e assim por diante. Denominamos de **a.C.** (antes de Cristo) os anos que antecedem o nascimento de Cristo.

Atualmente, estamos no século 21 – que começou no ano 2001 e vai até o ano 2100 – e no terceiro milênio, que teve início em 2001 e terminará em 3000.

Relógio analógico.

GLOSSÁRIO

Milênio: conjunto de 1000 anos.
Século: conjunto de 100 anos.

Organização da semana utilizando calendário.

Diferentes calendários

Dilek Mermer/Anadolu Agency/Getty Images

Para celebrar a Hégira, todos os anos muçulmanos refazem o percurso feito por Maomé no ano 622 do calendário gregoriano.

Você viu que no Brasil utilizamos o chamado calendário gregoriano. Como ele se baseia no nascimento de Jesus Cristo, podemos dizer que ele é um calendário religioso.

Muitos outros povos utilizam calendários que foram inspirados na religião. Judeus e muçulmanos, por exemplo, também têm os próprios calendários, ambos de origem religiosa.

De acordo com as crenças judaicas, a contagem dos anos começa com a **criação do mundo**. Na tradição judaica, essa criação aconteceu 3760 anos antes do nascimento de Cristo. Assim, enquanto para o calendário gregoriano é, por exemplo, o ano 1000, para o calendário judaico, também chamado de calendário hebraico, é o ano 4760.

Já o calendário muçulmano inicia sua contagem de tempo no ano 622 do calendário gregoriano, pois foi quando Maomé fugiu de Meca para Medina, evento conhecido como **Hégira**.

1 Qual é o ano atual, segundo o calendário:

a) hebraico?

_____

b) muçulmano?

_____

2 A Hégira é celebrada até hoje pelos muçulmanos. Por que é importante para eles manter essa tradição? Converse com seus colegas sobre isso e registre as conclusões a que vocês chegaram.

_____
_____
_____
_____
_____
_____
_____

ATIVIDADES

1 Observe parte de um calendário e complete as informações.

Carolina Sartório

a) Ano do calendário: _____

b) Mês apresentado no calendário: _____

c) Século a que pertence o ano do calendário:

_____

d) Milênio a que pertence o ano do calendário:

_____

A contagem dos séculos em algarismos romanos

Quando encontramos textos que falam sobre o passado, é comum que os séculos apareçam em algarismos romanos. Dessa forma, o século 19 aparece como **século XIX**, o século 20 aparece como **século XX**, e assim por diante.

Você lembra como representamos os números em algarismos romanos? A seguir, observe o quadro que mostra alguns acontecimentos da História do Brasil e os séculos em que eles ocorreram, indicados em algarismos romanos.

Ano	Acontecimento	Século
1494	Assinatura do Tratado de Tordesilhas	XV
1500	Chegada dos portugueses ao Brasil	XV
1549	Fundação da cidade de São Salvador	XVI
1654	Fim da Insurreição Pernambucana	XVII
1763	Mudança da capital brasileira de Salvador para o Rio de Janeiro	XVIII
1888	Abolição da Escravatura	XIX
1960	Mudança da capital brasileira do Rio de Janeiro para Brasília	XX
2016	Jogos Olímpicos no Brasil	XXI

1 Pesquisem eventos históricos que costumam ser celebrados ou lembrados pelas pessoas que vivem na comunidade de vocês. No caderno, criem uma tabela como a mostrada nesta página. Anotem os séculos em que esses eventos ocorreram em algarismos indo-arábicos e romanos.

Depois, conversem sobre o motivo de essas datas serem importantes para sua comunidade.

A divisão da História em períodos

A História do mundo é dividida em períodos, também chamados de idades. Essa divisão ocorreu com base em características consideradas importantes em cada período.

Os processos históricos não têm sempre a mesma duração. Essa é uma das grandes diferenças entre **tempo histórico** e **tempo cronológico.**

Observe:

Pré-História – Do surgimento dos seres humanos até 4000 a.C.

Período anterior à invenção da escrita, quando surgiram os primeiros seres humanos e povoados.

Idade Antiga – 4000 a.C.-476

Período entre a invenção da escrita e o fim do Império Romano do Ocidente. Foi uma época de desenvolvimento de diversas sociedades importantes para nossa cultura atual, como a egípcia, a grega e a romana.

Idade Média – 476-1453

Período entre o fim do Império Romano do Ocidente e a tomada da cidade de Constantinopla (atual Istambul). Época com grande influência da Igreja Católica na Europa.

Idade Moderna – 1453-1789

Período entre a tomada de Constantinopla e a Revolução Francesa. Nessa época, ocorreu a colonização da América pelos europeus.

Idade Contemporânea – 1789 até os dias atuais

Período que se inicia com a Revolução Francesa e permanece até a atualidade. Nesse período, no Brasil, ocorreram a Proclamação da Independência e a Abolição da Escravatura.

ATIVIDADES

1 Em uma folha de papel à parte, construa uma linha do tempo. Anote nela as datas que marcam as divisões entre as idades históricas.

2 Em qual idade histórica os portugueses chegaram ao que hoje é o Brasil?

_____

3 A linha do tempo tem relação com o:

☐ tempo cronológico.

☐ tempo histórico.

4 Os eventos escolhidos para dividir a história nessas idades são igualmente importantes para todos os povos do mundo? Explique.

_____

_____

_____

5 Analisando os eventos escolhidos para fazer essa divisão da história, você diria que eles dizem respeito a qual povo ou a qual região do mundo?

_____

6 Se você fosse fazer uma divisão de sua história, quais seriam os eventos que escolheria para compor sua linha do tempo?

_____

_____

_____

7 Em uma folha avulsa, faça uma nova linha do tempo com as informações registradas no exercício anterior e não esqueça de anotar as datas.

8 Compare sua linha do tempo com as de outros colegas. Identifique e registre semelhanças e diferenças.

_____

A capoeira e a História

A capoeira é uma manifestação cultural originalmente desenvolvida por africanos e seus descendentes que viviam no Brasil. Os historiadores não sabem ao certo quando a capoeira começou a ser praticada, mas há fontes históricas que descrevem essa prática nas cidades brasileiras desde o início do século XIX.

Roda de capoeira. Rio de Janeiro, 2015.

1890 Proibida a prática de "capoeiragem" no Brasil.

1932 O presidente Getúlio Vargas libera algumas manifestações culturais que estavam proibidas – entre elas, a capoeira.

Reconhecida oficialmente como esporte.

Reconhecida como Patrimônio Cultural Imaterial Brasileiro.

1972 **2008**

1 Em sua opinião, a proibição da capoeira foi uma atitude de preconceito? Por quê?

_____

_____

_____

2 Você concorda com o fato de a capoeira ser considerada parte importante do patrimônio brasileiro? Por quê?

_____

_____

_____

_____

O reinado de Dom Pedro II durou 49 anos (de 1840 a 1889). Durante a primeira metade de seu governo, o Brasil passou por um período de estabilidade e crescimento econômico. No entanto, na segunda metade, o imperador passou a receber muitas críticas, principalmente após a Guerra do Paraguai (1864-1870), que trouxe grande instabilidade econômica ao país.

Diante desse cenário, a oposição ao governo imperial, liderada pelo movimento republicano, cresceu e se fortaleceu.

A ilustração retrata o imperador assustado e impotente enquanto é derrubado de seu trono. Caricatura criada por Angelo Agostini, publicada na *Revista Illustrada*, em 1882.

Fundação Biblioteca Nacional, Rio de Janeiro

O movimento republicano

No Brasil, as ideias republicanas ganharam força durante o Segundo Reinado, pois muitas pessoas desejavam participar mais das decisões políticas do país.

> A república é um sistema de governo cujos principais governantes são escolhidos pelo povo por meio de eleições.

Entre os republicanos, havia muitos profissionais **letrados**, como advogados, jornalistas e comerciantes. Além de defender o sistema republicano de governo, parte desse grupo era favorável à abolição da escravatura.

Os membros do movimento republicano fundaram partidos políticos, com destaque para o Partido Republicano Paulista, criado em 1873, bem como jornais republicanos, nos quais publicavam diversos textos e **charges** que criticavam o governo do imperador Dom Pedro II.

GLOSSÁRIO

Charge: desenho humorístico que aborda assuntos da sociedade, muitas vezes de forma crítica.

Letrado: pessoa que tem amplo conhecimento, adquirido, principalmente, por meio de leitura.

Críticas à monarquia

Ao longo do Segundo Reinado, sobretudo após a Guerra do Paraguai, parte dos militares passou a criticar a monarquia e apoiar a república. Além de desejar melhores salários, os militares tinham interesse em participar mais ativamente das decisões políticas do país, o que não era permitido até então.

Outro grupo que se aproximou das ideias republicanas foram os cafeicultores paulistas. Eles também passaram a apoiar a causa republicana após a Guerra do Paraguai, pois ela trouxe muitos prejuízos econômicos ao país. Além disso, a Abolição da Escravatura, em 1888, fez com que muitos

Museu Histórico Nacional, Rio de Janeiro

José Wasth Rodrigues. *Corpos de Voluntários da Pátria*, c. 1865-187. Bico de pena, 30 cm × 41 cm.
Os Voluntários da Pátria foram corpos militares do Período Imperial incorporados ao Exército brasileiro no início da Guerra do Paraguai com o objetivo de reforçar as tropas.

Arquivo Nacional, Rio de Janeiro

cafeicultores fossem contrários à monarquia, porque o trabalho de escravizados ainda era muito utilizado nas fazendas.

Além desses dois grupos, a Igreja Católica também se opunha à monarquia, pois a Constituição de 1824 determinava que a Igreja deveria se subordinar ao Estado, ou seja, seguir as regras definidas pelo imperador. Assim, conforme os anos foram passando, cada vez mais religiosos buscavam autonomia para resolver as próprias questões.

Diante de tais circunstâncias, aumentava a crença de que a manutenção da monarquia atrapalhava o desenvolvimento da nação.

Página da Constituição do Império do Brasil, 1824.

Instituto de Estudos Brasileiros/USP, São Paulo

Essa charge retrata Dom Pedro II como uma pessoa fraca e cansada, sem interesse pela política nacional. Charge de Angelo Agostini, publicada na *Revista Illustrada* em 1887.

ATIVIDADES

1 Quais eram os grupos que mais criticavam o governo de Dom Pedro II? Escolha um desses grupos e explique por que seus integrantes se opunham ao governo imperial.

_____

_____

_____

2 Observe a charge da página anterior e faça o que se pede.

a) Descreva o que você vê na imagem.

_____

_____

b) A charge faz uma crítica ou um elogio ao império? Por quê?

_____

_____

c) De acordo com a mensagem transmitida pela charge, você considera que a *Revista Illustrada* era monarquista ou republicana? Explique.

_____

_____

3 Agora é a sua vez. Faça um charge que, em sua opinião, represente as críticas feitas pelo movimento republicano à monarquia.

BRINCANDO DE HISTORIADOR

Veja a imagem a seguir. Assim como outras imagens que ilustraram as páginas anteriores desta unidade, ela é uma charge.

Essa charge retrata escravizado sendo disputado por escravocratas de um lado e abolicionistas de outro. Charge de Angelo Agostini publicada na *Revista Illustrada* em 1887.

1 Pesquise o significado de charge. Depois, escreva-o com suas palavras nas linhas.

_____

_____

2 Descreva a cena que a charge mostra.

_____

_____

_____

3 Com base em seus conhecimentos sobre o período, identifique os grupos sociais mostrados na charge.

_____

_____

4 Em duplas, criem uma charge sobre um dos assuntos vistos nesta unidade até agora. Apresentem-na para os outros grupos.

O fim da monarquia

O governo imperial adotou medidas para diminuir as manifestações de oposição à monarquia. Com o objetivo de combater a crise política e econômica, Dom Pedro II promoveu uma série de reuniões com membros do governo, além de propor mudanças que eram pedidas pelos republicanos, como liberdade religiosa e mais autonomia para as províncias. Entretanto, ele não obteve sucesso.

A demora nas mudanças que os republicanos desejavam serviu de justificativa para que eles planejassem uma ação que transformaria o Brasil em uma república. Em 15 de novembro de 1889, um grupo de militares liderados pelo **marechal** Deodoro da Fonseca reuniu-se na capital, Rio de Janeiro, e proclamou a república, sem que houvesse grande resistência dos monarquistas.

O imperador, que estava com a família na cidade de Petrópolis, no interior da província do Rio de Janeiro, recebeu o comunicado de que não governava mais o Brasil. Dias depois, Dom Pedro II e sua família foram obrigados a deixar o país, partindo rumo à Europa.

GLOSSÁRIO

Marechal: pessoa que ocupava o cargo mais alto na hierarquia do Exército, logo acima dos generais.

A tela destaca o papel dos militares no ato da Proclamação da República. Benedito Calixto. *Proclamação da República*, 1893. Óleo sobre tela, 1,24 m × 2,00 m.

Pinacoteca Municipal de São Paulo, São Paulo/Foto: Romulo Fialdini/Tempo Composto

1 Numere os acontecimentos relacionados abaixo na ordem em que eles ocorreram.

☐ Os militares decretaram o fim da monarquia e proclamaram a república.

☐ No governo de Dom Pedro II, ocorreu a fundação do Partido Republicano Paulista.

☐ A assinatura da Lei Áurea levou muitos cafeicultores paulistas a apoiar a causa republicana.

2 Observe a imagem e responda às perguntas.

Entrega da mensagem a Dom Pedro II pelo major Solon no dia 6 de novembro de 1889. Litografia.

a) A que grupo social pertencem as pessoas que entregam o comunicado ao monarca?

_____

_____

b) Quais são as diferenças entre o grupo que entrega a carta e o que acompanha Dom Pedro II?

_____

_____

_____

A República da Espada

Em 15 de novembro de 1889, o Brasil mudou seu sistema de governo, passando a ser uma república. Os dois primeiros presidentes do sistema republicano eram militares, por isso esse período ficou conhecido como República da Espada.

O Governo Provisório

O primeiro presidente do Brasil foi o marechal Deodoro da Fonseca. Ele governou entre os anos 1889 e 1891 de forma **provisória** até que fosse elaborada uma nova Constituição para o país.

No governo de Deodoro foi adotada uma nova bandeira nacional, com o lema "Ordem e Progresso". Nesse período, buscou-se modernizar o país com a instalação de indústrias. Porém, os problemas econômicos persistiam, o que colocou empecilhos à industrialização.

Essas dificuldades econômicas deixaram parte da população, da classe política e dos militares insatisfeita com o governo de Deodoro. Diante de tais circunstâncias, essas parcelas da sociedade pressionaram o presidente a convocar uma **Assembleia Constituinte** para **legitimar** seu cargo como presidente do país, o que ocorreu em 1891.

Bror Kronstrand. *Marechal Deodoro da Fonseca, primeiro presidente da República do Brasil*, c. 1889. Óleo sobre tela, 55 cm × 65 cm.

GLOSSÁRIO

Assembleia Constituinte: grupo de pessoas responsável por elaborar ou reformular uma Constituição.

Legitimar: reconhecer; tornar legal.

Provisório: temporário.

A Constituição de 1891

Em fevereiro de 1891 foi **promulgada** a primeira Constituição republicana do Brasil.

Algumas das principais definições da nova Constituição eram:

A z **GLOSSÁRIO**

Promulgar: tornar público um documento elaborado pelo governo.

- continuidade do sistema republicano, em que o presidente seria escolhido por voto a cada quatro anos;

- direito ao voto para homens maiores de 21 anos, exceto analfabetos, mendigos, religiosos e soldados;

- transformação das províncias em estados e ampliação do poder de decisão dessas Unidades da Federação;

- determinação da liberdade religiosa, ou seja, o país não tinha mais uma religião oficial, sendo permitidos todos os cultos religiosos.

Gustavo Hastoy. *Ato de assinatura do projeto da primeira Constituição*, 1890. Óleo sobre tela, 2,90 m × 4,41 m.

Fundação Casa de Rui Barbosa, Rio de Janeiro

ATIVIDADES

1 Em sua opinião, qual foi a principal consequência da liberdade religiosa garantida pela Constituição de 1891?

_____

_____

_____

_____

2 Você consegue identificar sinais dessa liberdade religiosa no dia a dia de sua comunidade? Como?

_____

_____

_____

O Governo Constitucional

Após a publicação da Constituição de 1891, a primeira eleição presidencial foi realizada de forma indireta. Assim, deputados e senadores elegeram o marechal Deodoro da Fonseca para seguir como presidente da República.

> **Eleições indiretas:** ocorrem quando deputados e senadores, que são eleitos diretamente pelo povo, nomeiam o presidente.

Após a eleição, o presidente passou a ser acusado de governar de forma autoritária, o que causou muita rejeição a seu governo. Essa oposição também ocorria entre os militares da **Armada**, que iniciaram uma revolta no Rio de Janeiro em 1893.

Ameaçado pela Armada e enfraquecido politicamente, o Marechal Deodoro renunciou ao cargo em novembro de 1891. Em seu lugar, assumiu o vice-presidente, o marechal Floriano Peixoto.

GLOSSÁRIO

Armada: nome atribuído à Marinha do Brasil no século XIX.

27

As revoltas populares

O período em que Floriano Peixoto esteve no poder também foi marcado por grandes tensões no Brasil. Os oficiais da Armada, por exemplo, continuavam insatisfeitos, pois se sentiam desvalorizados em relação ao Exército. Apesar disso, o presidente tinha apoio dos políticos e da população. Isso foi importante para que o governo combatesse uma nova revolta dos oficiais da Marinha, entre 1893 e 1894. O movimento ficou conhecido como Revolta da Armada, que ocorreu após um ataque de navios da Marinha a unidades do Exército na Baía de Guanabara, no Rio de Janeiro.

Biblioteca Nacional, Rio de Janeiro

Fortificação provisória durante a Revolta da Armada, Rio de Janeiro, Rio de Janeiro, 1894.

Após o confronto inicial, parte dos revoltosos se dirigiu para o sul do Brasil, onde ocorria a Revolução Federalista, um conflito entre opositores do governo, chamados de maragatos, e apoiadores do governo, os pica-paus.

Em 1894, as tropas do governo venceram os revoltosos tanto no Rio de Janeiro quanto no sul. O presidente Floriano Peixoto, por ter combatido as revoltas com rigor, ficou conhecido como "Marechal de Ferro".

 **ATIVIDADES**

1 Qual é a denominação dada para a fase inicial da república brasileira? Justifique o motivo desse nome.

_____

_____

2 Qual é a função de uma Assembleia Constituinte?

_____

3 Escreva no espaço abaixo uma semelhança e uma diferença entre Floriano Peixoto e o Marechal Deodoro.

Semelhança	
Diferença	

4 Complete as lacunas do texto a seguir.

Depois do primeiro conflito no Rio de Janeiro, parte da Armada se dirigiu

ao sul do país, onde ocorria a _____,

na qual dois grupos lutavam. As pessoas favoráveis ao governo eram

chamadas de _____, enquanto aquelas que eram contrárias

ficaram conhecidas como _____.

O direito ao voto

A Constituição de 1891 trouxe mudanças na forma de escolher os governantes. Contudo, o direito ao voto não foi concedido a todos.

A maioria da população continuou a não participar ativamente da política nacional, pois era formada por analfabetos, muitos deles ex-escravizados. Além disso, não era permitida a participação de mendigos, os quais também eram em sua maioria ex-escravizados, pois muitos não conseguiam trabalho nem moradia apesar de serem livres.

As mulheres também não podiam votar. Elas somente conquistaram o direito ao voto muitos anos depois da Constituição, apenas em 1932. Já os analfabetos puderam votar mais de 100 anos depois, a partir de 1988.

Participantes do I Congresso Internacional Feminista, que deflagrou a campanha pelo voto feminino em todo o país. Rio de Janeiro, dezembro de 1922.

1. No caderno, responda às questões.

a) A Constituição de 1891 previa o direito ao voto, mas a maioria da população continuou sem poder votar. Por que isso aconteceu?

b) Você acredita que o voto deve ser um direito de todos? Por quê?

A REPÚBLICA OLIGÁRQUICA

Em 1894, Prudente de Moraes venceu a eleição, assumiu a Presidência da República e tornou-se o primeiro presidente **civil** de nossa história.

Durante 36 anos (de 1894 a 1930), o Brasil foi governado por presidentes civis, mas o poder ficava sob o domínio de poucas pessoas, que formavam as **oligarquias**; por isso, esse período de nossa história é chamado de República Oligárquica.

Essa foi uma época de grandes tensões no Brasil, com revoltas que envolveram militares, religiosos e trabalhadores tanto na cidade quanto no campo. Também foi um período de transformações, principalmente devido à chegada de diversos imigrantes para viver e trabalhar nas áreas urbanas. Isso estimulou o processo de modernização de muitas cidades, que passaram a ter, por exemplo, luz elétrica e água encanada.

Coleção particular

Rua 15 de Novembro, vista do Largo da Sé, sentido Praça Antônio Prado, na cidade de São Paulo, 1910. Na fotografia há diversos homens de chapéu e um bonde elétrico, principal veículo de transporte coletivo do Brasil naquela época.

 GLOSSÁRIO

Civil: que não pertence às Forças Armadas.

Oligarquia: pequeno grupo político que detém o poder e governa de acordo com seus interesses.

A Política do Café com Leite

Até 1930, a economia brasileira era baseada na produção agrícola. Assim, os grandes proprietários de terras, ligados à produção cafeeira e **pecuária**, detinham maior poder econômico.

São Paulo e Minas Gerais eram os estados mais ricos, pois possuíam maior concentração de fazendas produtoras de café e de leite, respectivamente. Além disso, os dois estados eram mais populosos e, por isso, contavam com grande número de representantes no Congresso Nacional.

Por essa razão, o sistema político da época ficou conhecido como Política do Café com Leite, já que a maioria dos presidentes eleitos vivia em um desses dois estados.

GLOSSÁRIO

Pecuária: atividade ligada à criação do gado.

Fundação Biblioteca Nacional, Rio de Janeiro

Na charge estão representados dois políticos ao lado da cadeira da Presidência da República, um de Minas Gerais e outro de São Paulo. Abaixo deles estão os políticos de outros estados. Charge de Alfredo Storni publicada na revista *Careta*, em 29 de agosto de 1925.

ATIVIDADES

1. Em grupos, pesquisem o nome dos presidentes do Brasil entre os anos de 1894 e 1930, o estado que cada um representava e o período que ocupou o cargo. Depois, em uma cartolina, montem uma linha do tempo com as informações coletadas.

O poder dos coronéis

Os fazendeiros mais ricos e poderosos eram chamados de coronéis. Eles eram muito influentes na política de seus estados e frequentemente ofereciam favores, como empregos, alimentos e roupas à população. Em troca, pediam às pessoas que votassem em determinados candidatos. Diversas vezes os coronéis chegavam a ameaçar quem não atendesse a seus desejos.

Como os votos não eram secretos, os coronéis conseguiam saber se suas exigências eram seguidas ou não. Essa prática ficou conhecida como "voto de cabresto", pois fazia referência às amarras usadas para guiar animais (chamadas de cabrestos). Assim, a população eleitora da época era comparada a animais guiados pelos ricos coronéis.

Observe a charge que ilustra o voto de cabresto.

Alfredo Storni. As próximas eleições... "de cabresto", charge publicada na revista *Careta*, ano 20, n. 974, 19 fev. 1927.

Biblioteca Nacional, Rio de Janeiro

ATIVIDADES

1 Quais eram os estados que dominavam o governo oligárquico no Brasil nas primeiras décadas da República?

_____

2 A quais setores da economia esses grupos estavam ligados?

_____

3 Sobre o "voto de cabresto", responda:

a) O que era?

_____

_____

b) Como ele afetava o bom funcionamento da democracia na época?

_____

_____

c) Você considera essa prática correta? Justifique sua resposta.

_____

_____

4 Retome o conceito de oligarquia. Por que uma república oligárquica não seria a melhor forma de governo para garantir os interesses dos setores populares?

_____

_____

_____

_____

5 A charge é um desenho humorístico que muitas vezes apresenta uma crítica a algum aspecto da sociedade. Até aqui você viu duas charges sobre a época da República Oligárquica. Agora é sua vez de criar uma charge. Pense em um tema da atualidade que você gostaria de ilustrar e faça seu desenho em uma folha de papel à parte.

Economia e sociedade na Primeira República

O café foi o principal produto da economia brasileira até a década de 1930. As fazendas cafeeiras concentravam-se em São Paulo, sobretudo no oeste do estado, onde havia terras e clima favoráveis ao cultivo do café. Além disso, foram aplicadas técnicas modernas na produção cafeeira e no transporte dos produtos.

Entre o final do século XIX e início do século XX, a construção de ferrovias possibilitou o transporte do café das áreas produtoras até o Porto de Santos. De lá, as sacas de café eram levadas de navio para os consumidores da Europa e dos Estados Unidos.

Esse conjunto de fatores possibilitou que o estado de São Paulo passasse por um período de grande desenvolvimento econômico. Parte do dinheiro ganho com a venda do café para o exterior era investido em diferentes setores da sociedade. Assim, foram construídos portos, ferrovias, comércios, estradas, escolas, bancos e fábricas.

Coleção particular

SOROCABA._ Estação Sorocabana

Estação Sorocabana, construída em Sorocaba, São Paulo, em 1909. Inaugurada em 10 de julho de 1875, funcionou até março de 2001. Estações como essa eram importantes pontos de embarque e desembarque de passageiros e cargas.

A sociedade em transformação

Nas primeiras décadas do século XX, o crescimento das cidades e o desenvolvimento de indústrias aconteceram em ritmo acelerado no Brasil, sobretudo no sudeste.

Nessa época, muitas pessoas deixavam o campo e se mudavam para as cidades, transformando a paisagem urbana com edifícios e fábricas. Nas ruas, o transporte era feito por bondes elétricos e automóveis, que ficavam cada vez mais populares.

Ocorreram também grandes avanços nos meios de comunicação, com o surgimento do rádio e do cinema.

O cotidiano dos operários

As indústrias e os serviços atraíram novos habitantes para as cidades. Essas pessoas vinham do campo ou de outros países em busca de trabalho e melhores condições de vida.

Em grande parte, elas tornavam-se empregados das fábricas. Contudo, as condições de trabalho eram ruins: as jornadas eram longas, os salários eram baixos e os operários não tinham direito a folgas ou férias. As mulheres ganhavam salários menores do que os homens, e muitas crianças pobres começavam a trabalhar desde pequenas.

Acervo Museu da Imigração

Diante das circunstâncias desfavoráveis, os operários reuniam-se em organizações de trabalhadores com o objetivo de defender os direitos e interesses da classe trabalhadora. Essas organizações eram chamadas de sindicatos. Fábrica de louças, Santa Catarina, 1922.

 **ATIVIDADES**

1 Relacione a formação dos sindicatos com o processo de urbanização do começo do século XX.

_____

_____

_____

_____

2 Explique como era a rotina de trabalho dos operários nas primeiras décadas do século XX.

_____

_____

_____

3 Na cidade de São Paulo, existe um bairro chamado Ermelino Matarazzo. Com mais dois colegas, pesquisem sobre o homenageado.

a) Quem foi Ermelino Matarazzo?

_____

_____

_____

b) Por que vocês acham que o nome dele foi escolhido para essa homenagem?

_____

_____

_____

c) Você conhece alguma homenagem semelhante que leva o nome de um trabalhador? Explique.

_____

_____

_____

_____

A Semana de Arte Moderna

Teatro Municipal de São Paulo, no centro da capital paulista, na década de 1929.

No início do século XX, as grandes cidades brasileiras recebiam muitas pessoas vindas de outros países e de outras regiões do Brasil. Isso ocasionou mudanças nas paisagens urbanas e em outras áreas, como as artes.

Nesse cenário, alguns artistas se reuniram para organizar um evento com novas formas de produzir e analisar obras de arte. Chamado de Semana de Arte Moderna, aconteceu em fevereiro de 1922, no Teatro Municipal de São Paulo, na capital paulista.

Poetas, músicos, pintores, escultores e arquitetos expressaram sua arte com base nos sentimentos, costumes e valores próprios do povo brasileiro.

Contudo, as pessoas não estavam preparadas para as produções feitas pelos artistas. Muitas se chocaram com essas inovações artísticas, tendo tido até vaias durante as apresentações.

Décadas depois, a Semana de Arte Moderna passou a ser considerada um dos eventos culturais mais importantes da história brasileira.

Alguns dos modernistas de destaque foram os escritores Mário de Andrade e Oswald de Andrade, a pintora Anita Malfatti, o músico Heitor Villa-Lobos e o escultor Victor Brecheret.

Mário de Andrade. São Paulo, 1940.

ATIVIDADES

1 Por que a Semana de Arte Moderna de 1922 chocou o público que foi ao Teatro Municipal de São Paulo?

_____

_____

2 Como podemos relacionar a Semana de Arte Moderna com as transformações que aconteciam no Brasil nas primeiras décadas do século XX?

_____

_____

_____

Movimentos sociais

Durante as primeiras décadas da República, muitas pessoas mostraram-se descontentes com a situação em que viviam. Essa insatisfação motivou o surgimento de movimentos sociais em diversas regiões do Brasil. Conheça, a seguir, alguns deles.

A comunidade de Canudos (1893-1897)

No interior da Bahia, entre 1877 e 1897, milhares de pessoas seguiam Antônio Conselheiro, homem que falava sobre a Bíblia e os valores cristãos.

Em 1893, Conselheiro e seus seguidores fundaram uma comunidade conhecida como Arraial de Belo Monte. Lá os moradores cultivavam alimentos e criavam animais para o próprio consumo, sem que o governo ou os ricos fazendeiros interferissem diretamente na vida deles.

O arraial, que também foi chamado de Canudos, cresceu rapidamente e chegou a ter milhares de habitantes, o que gerou descontentamento de membros da Igreja, fazendeiros e representantes do governo, que viam na comunidade uma ameaça a seus interesses.

Com isso, os sertanejos foram acusados de tentar restaurar a monarquia e tornaram-se alvo de ataques de tropas enviadas pelo governo republicano. Os conflitos iniciaram-se em 1896 e, após quatro expedições militares, em 1897, a comunidade foi destruída e grande parte de seus moradores foi morta.

Vista do Morro da Favela, na comunidade de Canudos, 1897. Litogravura de D. Urpia.

Museu Histórico Nacional, Rio de Janeiro

ATIVIDADES

1 Qual foi a principal função dos movimentos sociais surgidos nas primeiras décadas da República?

_____

_____

2 Com base no texto e na imagem da página 40, o que podemos afirmar sobre a organização do espaço de Canudos?

_____

_____

_____

3 Por que a comunidade de Canudos foi formada? Assinale a opção correta.

☐ Para criar um latifúndio que competisse com os dos ricos fazendeiros.

☐ Para poderem enfrentar as autoridades locais e o governo central.

☐ Para buscar melhores condições de vida, livres de interferências externas.

4 Se Antônio Conselheiro defendia valores cristãos, qual foi a razão para que os membros da Igreja se incomodassem com a existência de Canudos?

_____

_____

_____

5 Observe a imagem e explique o que você compreendeu.

_____

_____

_____

Pereira Neto. Antonio Conselheiro. A situação "real" do fanático sebastianista, metido em Canudos, em verdadeiro canudos (livra!) nos sertões da Bahia. Charge publicada na *Revista Ilustrada*, Rio de Janeiro, nº 728, 1894.

Fundação Biblioteca Nacional, Rio de Janeiro

A Revolta da Vacina (1904)

Ao assumir o cargo em 1902, o presidente Rodrigues Alves tinha como meta reformar a cidade do Rio de Janeiro. Um dos motivos era que a estrutura da cidade facilitava a proliferação de doenças, como a febre amarela, a peste, a varíola e a tuberculose.

Para combater as doenças, foi chamado o médico Oswaldo Cruz. Ele e sua equipe promoveram algumas mudanças, como a remoção de lixo, o uso de raticidas e o combate aos mosquitos transmissores da febre amarela.

Contudo, apenas essas medidas não eram suficientes para a eliminação da varíola. Assim, o governo iniciou uma campanha de vacinação obrigatória. Porém, muitas pessoas ainda não sabiam o benefício das vacinas. A falta de esclarecimento e a forma agressiva com que a vacinação foi imposta levaram a população a se rebelar. Em novembro de 1904, durante cerca de uma semana ocorreram diversos confrontos entre a população e os representantes do governo.

Revolta da Vacina. Charge de Leônidas publicada na revista *O Malho*, n. 111, em 1904.

Fundação Casa de Rui Barbosa, Rio de Janeiro

ATIVIDADES

1 Qual é a relação entre a política de modernização do governo e a Revolta da Vacina?

_____

_____

2 Como é uma campanha de vacinação nos dias de hoje? Identifique diferenças com o que ocorreu em 1904.

_____

_____

A Revolta da Chibata (1910)

Em 1910, a insatisfação dos marinheiros brasileiros era grande. Eles tinham péssimas condições de trabalho: salários baixos, má alimentação e trabalho excessivo. Além disso, eles muitas vezes eram punidos com castigos físicos, sobretudo com o uso da **chibata**.

GLOSSÁRIO

Chibata: vara fina e comprida utilizada para bater.

Acervo Iconographia

Marinheiros do Encouraçado São Paulo, uma das embarcações tomadas durante a Revolta da Chibata. Rio de Janeiro, 1910.

Essas más condições motivaram uma rebelião em 22 de novembro de 1910, no Rio de Janeiro, após um marinheiro ser castigado com 250 chibatadas.

Liderados por João Cândido Felisberto, os marinheiros tomaram embarcações e ameaçaram bombardear a capital se suas exigências não fossem atendidas, sendo a principal delas o fim das chibatadas.

Depois de várias negociações, o presidente Hermes da Fonseca decretou o fim desse tipo de castigo no dia 27 de novembro de 1910.

ATIVIDADES

1 Por que a revolta dos marinheiros ficou conhecida como Revolta da Chibata? A reivindicação deles foi atendida?

_____

_____

O conflito do Contestado (1912-1916)

A questão do **Contestado** envolveu disputas por terras nos estados do Paraná e de Santa Catarina no início do século XX. A tensão teve início quando o governo cedeu terras para a construção de uma estrada de ferro na região. Por conta disso, muitas pessoas foram expulsas de onde viviam. Em condições difíceis, encontraram esperança na formação de povoados, sob a liderança de monges. Um deles, José Maria, defendia a ideia de um governo independente na comunidade em que vivia. Isso desagradou o governo republicano, que passou a enviar tropas para combater os habitantes das comunidades do Contestado. Os primeiros combates aconteceram em 1912 e resultaram na morte de José Maria. Em 1916, após muitos confrontos, a comunidade foi destruída e várias pessoas foram mortas.

Fonte: IBGE. *Atlas geográfico escolar*. 8. ed. Rio de Janeiro: IBGE, 2018. p. 32-33.

GLOSSÁRIO

Contestado: questionável; controverso.

Tropas do Exército e agentes policiais desembarcaram nos sertões de Santa Catarina e Paraná no início do século XX no conflito do Contestado.

A Greve Geral de 1917

No ano de 1917 aconteceu em São Paulo uma grande greve, que envolveu várias categorias profissionais. Os trabalhadores urbanos reivindicavam melhores salários e condições de trabalho. Logo depois, essa greve ganhou adesão dos trabalhadores de outros estados do Brasil. Ao final, boa parte dos patrões cedeu às reivindicações dos trabalhadores e concordou com os reajustes salariais.

ATIVIDADES

1 Identifique a revolta que teve uma forte relação com o processo de urbanização brasileira.

☐ Canudos.

☐ Revolta da Vacina.

☐ Contestado.

2 Quais são as semelhanças entre as revoltas aqui estudadas e as que aconteceram no Império?

_____

_____

_____

_____

_____

3 Sobre os movimentos sociais da República Oligárquica, marque **V** nas frases verdadeiras e **F** nas falsas.

☐ A Revolta da Vacina, a Revolta da Chibata e a Greve Geral de 1917 ocorreram em áreas urbanas.

☐ Os movimentos ocorreram apenas no norte do Brasil.

☐ Canudos e Contestado ocorreram em áreas rurais.

☐ Os movimentos ocorreram apenas no sul do Brasil.

O fim da República Oligárquica

Washington Luís governou o Brasil entre 1926 e 1930. Nesse período, a economia sofreu os impactos de uma grande crise econômica que se iniciou nos Estados Unidos em 1929 e logo chegou a outros países.

Além disso, o presidente enfrentou problemas políticos, pois acabou com a Política do Café com Leite na eleição presidencial de 1930, quando optou por apoiar a candidatura do paulista Júlio Prestes. A escolha gerou descontentamento dos políticos mineiros, que apoiaram Getúlio Vargas para a

Acervo Iconographia

Getúlio Vargas (no centro) caminhando em Ponta Grossa, Paraná, em 17 de outubro de 1930, dias antes de assumir o governo. Ao lado dele, os militares Galdino Luís Esteves (à direita) e Aristides Krauser do Canto (à esquerda).

presidência, iniciando, assim, um movimento que provocou revoltas no país.

Apesar de ter vencido, Júlio Prestes não tomou posse, pois, devido às revoltas, as Forças Armadas forçaram Washington Luís a deixar a presidência e apoiaram a posse de Getúlio Vargas.

ATIVIDADES

1 De que forma a Política do Café com Leite acabou?

☐ Getúlio Vargas proibiu a aliança entre São Paulo e Minas Gerais.

☐ A produção de café e de leite foi afetada pela crise econômica de 1929.

☐ O presidente apoiou um candidato paulista, em vez de um mineiro.

2 Por que a Política do Café com Leite foi tão importante nas primeiras décadas da República?

_____

_____

As políticas para as populações indígenas

No início da república no Brasil havia diversos conflitos entre indígenas, que lutavam pela manutenção de suas terras, e não indígenas, que viam na cultura indígena um obstáculo para o desenvolvimento de grandes fazendas ou de cidades. Diante dessa situação, na década de 1910 houve a criação do Serviço de Proteção ao Índio (SPI), órgão encarregado de garantir direitos aos indígenas do país, tais como a posse de suas terras, a criação de escolas e a proteção contra ataques de não indígenas. Contudo, por razões como a falta de recursos e más administrações, os trabalhos do SPI não obtiveram resultados satisfatórios.

Mais tarde, em 1967, o SPI foi extinto e foi criada a Fundação Nacional do Índio (Funai), cuja missão ainda hoje é garantir aos indígenas a possibilidade de viver e trabalhar em suas terras, onde viveram seus ancestrais e de onde eles retiram muitos de seus alimentos e recursos para fazer utensílios e moradias. No entanto, casos de violação aos direitos dos indígenas ainda ocorrem no Brasil.

Cris Faga/Fox Press Photo/Folhapress

Mesmo com a Funai, muitas vezes os direitos dos indígenas não são respeitados, o que provoca diversas manifestações em todo o território nacional.

1 Responda no caderno: Qual é a importância da terra para os indígenas?

O governo de Getúlio Vargas durou de 1930 a 1945. Nele ocorreram diversas mudanças sociais e econômicas. Isso lhe rendeu grande popularidade, mas também muitas críticas por sua maneira de governar, como veremos a seguir.

Esse longo período em que Vargas esteve à frente do governo brasileiro é conhecido como **Era** Vargas e pode ser dividido em três fases: Governo Provisório, Governo Constitucional e Estado Novo.

GLOSSÁRIO

Era: período da História cujos acontecimentos o diferenciam de outros períodos.

Soldado paulista na Revolução de 1932.

Constituição de 1934.

Jornal censurado durante o Estado Novo.

Fabio Nienow

1930   1934   1937   1945

Governo Provisório   **Governo Constitucional**   **Estado Novo**

O Governo Provisório

Os primeiros anos de Getúlio Vargas no governo foram caracterizados por seu esforço em se manter no poder.

Com esse objetivo, Vargas buscou apoio político em várias regiões do Brasil, substituiu governantes de alguns estados e aliou-se a governantes de outros. Esforçou-se também para obter a aprovação de diversas camadas da sociedade brasileira. Esse conjunto de fatores possibilitou sua permanência na presidência do país.

O Movimento Constitucionalista

Coleção Particular, SP

Cartaz elaborado em 1932 pelos paulistas em crítica ao governo de Getúlio Vargas. Nele, os paulistas são representados por um forte bandeirante que segura o frágil presidente Vargas (em forma de caricatura).

Vargas, nos primeiros anos como presidente, retirou muitos políticos antigos dos seus postos, desagradando-os.

O estado de São Paulo concentrava o maior número de políticos insatisfeitos com essas medidas. Muitos deles pretendiam retomar o poder e, para isso, exigiam a elaboração de uma nova Constituição.

A insatisfação crescente levou os paulistas a se rebelarem contra o governo federal em 9 de julho de 1932. Nessa data, em todo o estado, os opositores saíram às ruas dispostos a enfrentar as forças do governo federal. Entre os revoltosos havia militares, operários, estudantes e políticos.

Embora contassem com o apoio de outros estados na intenção de obter uma nova Constituição, os paulistas lutaram com recursos próprios contra as forças do governo federal e foram derrotados em outubro do mesmo ano.

Arquivo Público do Estado de São Paulo

Cartaz veiculado no estado de São Paulo durante os conflitos entre os paulistas e as forças do governo federal. Após o início dos combates, diversos cartazes como esse estimulavam a população a fazer doações em favor das tropas paulistas.

A Constituição de 1934

Como as pressões por uma Constituição continuaram após a vitória na luta armada contra os paulistas, Getúlio Vargas procurou diminuir o clima de tensão que havia provocado a Revolução Constitucionalista de 1932.

Assim, em 1933, um grupo de políticos foi convocado para a elaboração da nova Constituição. Essa convocação acalmou parte da população e permitiu que Vargas desenvolvesse muitas negociações políticas enquanto a Constituição era projetada.

A nova Constituição foi publicada em 16 de julho de 1934 e garantia importantes direitos à população, como:

- ensino primário gratuito;
- voto secreto;
- voto feminino;
- salário mínimo e direito a férias para todos os trabalhadores.

Reunião da Assembleia Constituinte, na cidade do Rio de Janeiro, 1934.

O voto feminino e o voto secreto foram duas das mais importantes conquistas políticas dos brasileiros com a Constituição de 1934. No entanto, o direito ao voto era restrito a pessoas alfabetizadas. Assim, a maioria da população, que era analfabeta, continuou afastada do processo eleitoral.

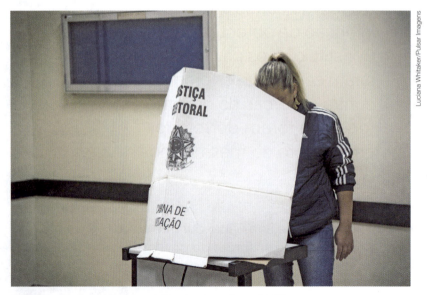

Eleitora vota em urna. Rio de Janeiro, 2016.

1 Observe o cartaz e faça o que se pede.

Acervo do arquivo do Estado de São Paulo

Cartaz veiculado em São Paulo, em 1932.

a) Descreva a imagem.

_____

_____

b) Qual é a mensagem transmitida pelo texto?

_____

_____

2 Escreva **V** nas frases verdadeiras e **F** nas falsas.

☐ Apesar de derrotados no conflito, a reivindicação dos paulistas foi atendida com a publicação da Constituição de 1934.

☐ O direito ao voto feminino garantiu que a maioria dos brasileiros pudesse votar.

☐ Vargas utilizou o período de elaboração da Constituição para fazer negociações.

O Governo Constitucional

Uma das definições da Constituição de 1934 foi a de que a eleição presidencial daquele mesmo ano seria decidida somente pelos votos das mesmas pessoas que participaram da Assembleia Constituinte, ficando definido que o povo somente poderia votar nas eleições de 1938.

A eleição ocorreu em 7 de outubro e Getúlio Vargas foi eleito com ampla vantagem sobre os candidatos adversários. Isso deu início à fase do Governo Constitucional.

Apesar de eleito, Getúlio Vargas não ficou satisfeito com a nova Constituição, uma vez que ela diminuía o poder do presidente da República e aumentava o poder de deputados e senadores. Além disso, ela não dava a possibilidade de reeleição presidencial.

No entanto, em 1937, alguns membros do governo afirmaram ter descoberto um plano que ameaçava a segurança da nação. Ele foi bastante divulgado, o que deixou a população apreensiva e serviu de justificativa para que Vargas mandasse prender adversários políticos e anunciasse uma nova Constituição. Contudo, essa divulgação era um esquema falso que serviu de pretexto para as manobras políticas de Getúlio Vargas, pois, ao anunciar a nova Constituição, ele dava início a um novo período no país, conhecido como Estado Novo. Esse esquema ficou conhecido como **Plano Cohen**.

Arquivo Nacional, Rio de Janeiro

Getúlio Vargas anunciou a nova Constituição em 10 de novembro de 1937.

ATIVIDADES

1 Qual foi o principal objetivo do presidente Vargas no período anterior à elaboração da Constituição de 1934?

_____

_____

_____

2 A Constituição de 1934 foi a terceira Constituição brasileira. Em sua opinião, por que as constituições mudam de tempos em tempos?

_____

_____

_____

_____

_____

3 Que ações de Vargas favoreceram a permanência dele no poder durante o Governo Provisório?

_____

_____

_____

_____

4 Por que Getúlio Vargas não estava satisfeito com a Constituição de 1934?

_____

_____

_____

5 O que foi o Plano Cohen? Qual foi sua importância?

_____

_____

_____

_____

O Estado Novo

A nova Constituição aumentava e concentrava os poderes políticos nas mãos do presidente da República. Assim, no Estado Novo o Brasil viveu uma **ditadura**.

Entre os anos de 1937 e 1945, não havia partidos políticos e a imprensa foi alvo de **censura**. Os governadores e demais políticos que eram resistentes ou contrários a Vargas foram, aos poucos, substituídos por pessoas próximas do ditador, que o apoiavam.

Durante a ditadura, não houve eleições, as greves foram proibidas e a polícia foi usada para perseguir qualquer pessoa que contrariasse o governo. Muitas prisões, torturas e mortes ocorreram para silenciar a oposição às decisões do governo.

GLOSSÁRIO

Censurar: proibir; desaprovar.
Ditadura: tipo de governo em que o poder é exercido somente por uma pessoa ou um grupo de pessoas e a oposição aos governantes é proibida.

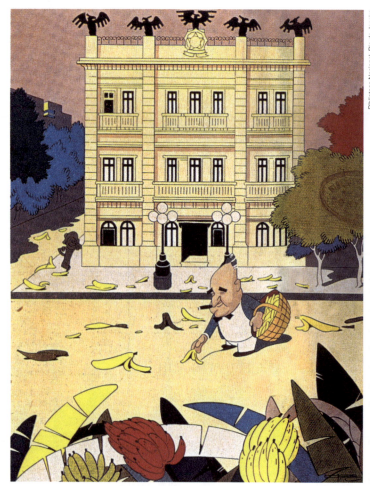

Biblioteca Nacional, Rio de Janeiro

Charge do presidente Getúlio Vargas na porta do Palácio do Catete colocando cascas de banana para seus adversários políticos escorregarem. A derrubada dos adversários políticos de Vargas levou à ditadura do Estado Novo. J. Carlos. "Lá no Palácio das Águas", charge publicada na revista *Careta*, ano 30, n. 1493, 30 jan. 1937.

O Plano Cohen

Você viu que em 1937 o governo de Vargas inventou um plano que, segundo versões oficiais, ameaçaria a segurança do país. O plano acusava os comunistas de tentar implantar uma revolução no Brasil. Só que isso nunca aconteceu, porque naquele momento não existia esse projeto de revolução.

Pessoas ao longo da Avenida Rio Branco saúdam o presidente Getúlio Vargas em comemoração ao 7 de Setembro. Rio de Janeiro, 1942.

Com isso, o governo criou e disseminou uma notícia falsa. E essa notícia foi divulgada pelos meios de comunicação da época, que fizeram a informação chegar a milhões de pessoas.

Hoje em dia, esse tipo de notícia falsa tem sido, infelizmente, bastante comum. Seguindo o mesmo exemplo do Plano Cohen, as notícias falsas são divulgadas por meios de comunicação que as fazem chegar a muitas pessoas.

As notícias falsas (*fake news*, em inglês) são divulgadas principalmente em redes sociais.

E da mesma forma que o Plano Cohen, as notícias falsas atuais foram criadas com a intenção de desestabilizar a política ou a economia de um local ou mesmo de todo um país.

Para fazer as atividades a seguir, dividam a turma em três grupos.

1 Pesquisem o significado da palavra **comunista**. Depois, registrem nas linhas abaixo o que vocês entenderam desse significado.

_____

_____

_____

2 Qual dos significados encontrados por vocês descreve melhor as intenções dos autores do Plano Cohen? Expliquem.

_____

_____

3 Sabendo que as notícias falsas atuais afetam a política e a economia de um país, assinalem os exemplos a seguir que podem ser modelos de notícias falsas.

☐ Informação falsa sobre a vida pessoal de uma celebridade divulgada em um programa de televisão.

☐ Informação falsa sobre um político importante de um país espalhada nas redes sociais da internet.

☐ Informações falsas de um escândalo envolvendo um grande time de futebol espalhadas em *sites* da internet.

☐ Informações falsas sobre alguma medida econômica que seria adotada por um governo divulgadas em um jornal.

4 Pesquisem um exemplo de cada item que vocês assinalaram na atividade anterior e, no caderno, registrem a opinião do grupo em relação ao assunto que mais causou impacto, segundo a percepção de vocês.

5 O que vocês fariam para combater a disseminação da notícia falsa que pesquisaram?

_____

_____

_____

O nacionalismo e a propaganda

O Estado Novo foi marcado por uma forte onda nacionalista e pelo **autoritarismo** de Getúlio Vargas. Esse tipo de nacionalismo foi incentivado por meio da divulgação de propaganda nos meios de comunicação.

Nesse período, cinema, teatro, rádio, livros, jornais e revistas tornaram-se mais populares. Por isso, o governo veiculava neles propagandas cujo objetivo era promover as políticas do Estado Novo e incentivar o **patriotismo** no Brasil.

GLOSSÁRIO

Autoritarismo: sistema político em que o poder é exercido por um indivíduo ou um grupo, que frequentemente não respeita as opiniões contrárias a ele.

Patriotismo: amor pela pátria, ou seja, pelo país em que se nasceu ou se vive.

As propagandas do Governo Vargas transmitiam ao povo a ideia de que o Brasil passava por grande desenvolvimento. Assim, a população tinha a sensação de que as ações do presidente eram as melhores para o país e que todos deveriam trabalhar para o bem da nação.

Em 1939 foi criado o Departamento de Imprensa e Propaganda (DIP), órgão do governo encarregado de fiscalizar toda a informação à qual a população tinha acesso. Além de censurar a imprensa e as manifestações culturais (cinema, teatro, música, literatura), o DIP produzia material que valorizava a imagem do presidente, como livros, cartazes e reportagens.

"... Com a esquadra renovada, ressurgem as energias criadoras da nacionalidade."

GETULIO VARGAS

Museu da República, Rio de Janeiro

Cartaz de propaganda nacionalista produzido pelo DIP em 1940, que mostra Getúlio Vargas como responsável por avanços militares. Museu da República, Rio de Janeiro, Rio de Janeiro.

Getúlio Vargas acreditava que as crianças deveriam enaltecer a pátria e amar o Brasil em favor do engrandecimento da nação. Para isso, publicou diversas cartilhas com mensagens que incentivavam determinados comportamentos e sentimentos nos jovens, que, de acordo com o governo, poderiam contribuir para o desenvolvimento do país. Nessas cartilhas, Vargas foi representado como o guardião do futuro brasileiro, um homem simpático e gentil com as crianças.

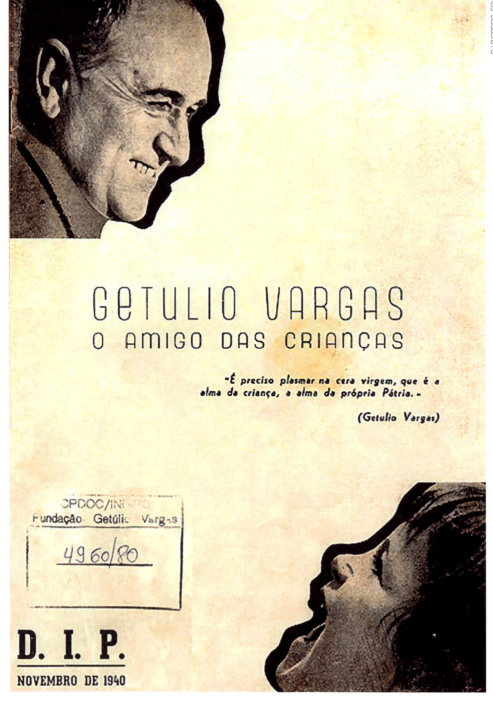

D.I.P/CPDOC, FGV, Rio de Janeiro

Capa da cartilha *Getúlio Vargas, o amigo das crianças*, publicada pelo DIP em 1940. Por meio desse tipo de material, o presidente procurava transmitir a imagem de grande líder da nação, respeitado por adultos e crianças.

BRINCANDO DE HISTORIADOR

Os esforços de propaganda do Governo Vargas compreendiam várias formas diferentes, como já vimos. Como na época o rádio era o maior meio de comunicação no Brasil, Vargas voltou suas atenções para ele.

Foi assim que, em 1938, o governo brasileiro criou a *Hora do Brasil*, programa com transmissão obrigatória em todas as emissoras de rádio, em rede nacional.

As transmissões duravam uma hora e eram realizadas todos os dias. O programa divulgava os principais acontecimentos do dia, sempre de acordo com o que as autoridades responsáveis acreditavam que deveria ser informado. Foi por causa dessa forma de funcionar que o programa se tornou um importante meio de propaganda do governo.

Em um governo autoritário, as decisões são tomadas para agradar as autoridades que estão no poder. Por isso, elas não costumam informar as situações ou decisões que possam desagradar esses indivíduos.

Ainda hoje o programa vai ao ar com a denominação *A voz do Brasil*.

1 Em casa, pergunte às pessoas de sua família se alguém já ouviu esse programa e quais foram as impressões que elas tiveram sobre o conteúdo transmitido. Registre no caderno e depois, em sala de aula, apresente suas descobertas aos colegas.

A Era do Rádio

O rádio era a principal fonte de entretenimento do setor de comunicação. Responsável pelo lançamento e pela consagração de muitos artistas, como os que serão citados, ele atraía a atenção das famílias.

As pessoas se reuniam ao redor do rádio para escutar as músicas desses artistas e também para acompanhar apresentações teatrais. Atores narravam histórias que eram acompanhadas por sons criados para torná-las mais realistas e divertidas.

Acervo Iconographia

As radionovelas, programas de auditório, humorísticos, de variedades etc. fizeram tanto sucesso que marcaram profundamente a vida das pessoas.

Foram muitos os artistas que se destacaram nessa época. Um deles foi Ary Barroso, compositor de músicas e de peças teatrais para revistas, pianista, regente e locutor. Muitas de suas criações se tornaram bastante conhecidas. Talvez a mais famosa tenha sido *Aquarela do Brasil*, de 1939, que o tornou mundialmente famoso.

Outro artista que podemos destacar é Noel Rosa. Ele foi músico e compositor. Assim como Ary Barroso, ele criou músicas que ficaram muito famosas no Brasil, como *Com que roupa?*, de 1930. Suas canções foram gravadas e cantadas por diversos artistas, um reconhecimento da qualidade delas.

Biblioteca Nacional, Rio de Janeiro

Noel Rosa (o último à direita) observa Marília Baptista numa apresentação no Programa Casé, no Rio de Jáneiro, 1937.

Acervo Iconographia

As Rainhas do Rádio: Ângela Maria, Marlene (ao centro) e Emilinha Borba, anos 1950.

1 Como o rádio tornou os artistas tão conhecidos?

_____

_____

_____

_____

_____

2 Juntem-se em grupos de quatro alunos e pesquisem uma música de alguns dos artistas citados anteriormente.

a) Apresentem as seguintes informações:

- título da música;
- nome do compositor;
- nome do intérprete;
- ano de composição.

b) Analisem a letra e pesquisem em dicionários os termos desconhecidos.

c) Expliquem a letra da música com suas palavras.

O fim do Estado Novo

Em 1939, iniciou-se um grande conflito armado que abalou o mundo inteiro: a Segunda Guerra Mundial. De um lado, havia o grupo de países conhecido como Eixo, liderado por Alemanha, Itália e Japão; do outro, havia o grupo dos Aliados, liderado por Inglaterra, França, União Soviética e Estados Unidos.

Inicialmente, o governo brasileiro não apoiou nenhum dos grupos, embora tivesse semelhanças com a Alemanha e a Itália, que também eram ditaduras. No entanto, devido ao afundamento de navios brasileiros por submarinos alemães e a acordos de auxílio financeiro e tecnológico com os Estados Unidos, o presidente decidiu apoiar os Aliados na guerra.

Em agosto de 1942, o governo brasileiro declarou guerra aos países do Eixo. Em 1944, foram enviadas tropas da Força Expedicionária Brasileira (FEB) para lutar na Itália, ao lado dos Aliados.

Após a entrada do Brasil no conflito, a oposição contra Vargas intensificou-se. O presidente perdeu o apoio dos militares, que estavam insatisfeitos com o governo, e manifestações públicas de descontentamento com a ditadura no país passaram a ocorrer.

Os opositores de Vargas diziam que havia uma grande contradição na atuação do governo: enquanto tropas brasileiras eram preparadas para combater os governos ditatoriais da Europa, os cidadãos brasileiros contrários à ditadura de Vargas eram perseguidos por ele.

Diante da pressão, Vargas convocou eleições para dezembro de 1945, autorizou a fundação de partidos políticos e extinguiu o DIP.

Desfile das tropas da FEB em Nápoles, na Itália, durante a Segunda Guerra Mundial, em 1944.

CORBIS/Getty Images

Ainda assim, ele mantinha bastante prestígio e contava com o apoio de grande parte da população. Nesse cenário, ganhou força um movimento popular conhecido como **queremismo** (Queremos Getúlio), que defendia a continuidade de Vargas no poder.

Comício queremista no Largo da Carioca. Rio de Janeiro, Rio de Janeiro, 1945.

A popularidade do movimento queremista chamou a atenção dos principais adversários do governo. Preocupados com a possibilidade de uma nova manobra em favor da permanência do presidente, um grupo formado por políticos e militares pressionou Vargas a deixar a presidência antes da data prevista.

Assim, em outubro de 1945, Vargas renunciou publicamente à presidência, e o Estado Novo chegou ao fim.

Capa do *Jornal do Brasil* com a renúncia do presidente Getúlio Vargas, em 30 de outubro de 1945.

1 Observe a imagem.

a) O que a mão representa?

_____

_____

_____

_____

_____

_____

b) Sabendo o lado que o Brasil apoiou na guerra, a qual dos lados o submarino pertence?

☐ A um dos países do Eixo.

☐ A um dos países dos Aliados.

2 Ao apoiar o grupo dos Aliados na Segunda Guerra Mundial, o governo de Getúlio Vargas foi acusado de contradição. Que contradição era essa?

_____

_____

Propaganda do Governo Vargas anunciando a entrada do Brasil na Segunda Guerra Mundial, em 10 de novembro de 1943.

3 A Segunda Guerra Mundial não arrasou as terras brasileiras nem causou a morte de muitos brasileiros, em comparação com o que aconteceu em países europeus. Mesmo assim, ela trouxe importantes consequências para o Brasil. Explique o motivo.

_____

_____

_____

_____

Vargas e a busca por uma identidade nacional

Você se lembra do significado da palavra **identidade**?

Trata-se do conjunto das características que definem uma pessoa ou um grupo. Os costumes de uma população, por exemplo, são elementos ligados à identidade de um país, ou seja, à identidade nacional.

Uma das principais características da Era Vargas foi a valorização das manifestações culturais próprias do Brasil, sobretudo no Estado Novo, com o objetivo de consolidar a identidade brasileira.

O governo reconheceu o samba, de origem africana, como um estilo de música característico do país. A prática de capoeira, criada por afrodescendentes, passou a ser permitida após muitos anos de proibição.

Além disso, o governo procurou valorizar a figura dos indígenas como representantes da origem da população brasileira. Com esse objetivo, foi criado o Dia do Índio, em 19 de abril, comemorado até hoje.

1 O texto abaixo é a reprodução de um decreto do presidente Getúlio Vargas. Leia-o com atenção e responda no caderno.

O Presidente da República, [...]
DECRETA:
Art. 1º É considerada – "Dia do Índio" – a data de 19 de abril.
[...]
Rio de Janeiro, 2 de junho de 1943 [...].

Brasil. Decreto-lei nº 5.540 de 2 de junho de 1943. Considera "Dia do Índio" o dia 19 de abril. Rio de Janeiro: Presidência da República, 1943. Disponível em: www.planalto.gov.br/ccivil_03/decreto-lei/1937-1946/Del5540.htm. Acesso em: 4 ago. 2020.

a) O que foi determinado nesse decreto?

b) Esse decreto poderia ser vetado por políticos de oposição ao governo? Por quê?

2 Em sua opinião, além dos exemplos citados, o que mais poderia ser considerado símbolo da identidade nacional do Brasil? Por quê?

5

A REPÚBLICA POPULISTA

O período denominado de República Populista teve início após o fim da ditadura de Getúlio Vargas, em outubro de 1945, quando foi restabelecida a democracia no Brasil e os governantes passaram a ser escolhidos por meio do voto.

Com o objetivo de conseguir apoio da população, os políticos chamados de "populistas" empenhavam-se em ser simpáticos, discursavam em locais públicos, faziam promessas, conversavam diretamente com os eleitores e procuravam transmitir a imagem de que estavam a serviço dos interesses do povo.

Acervo UH/Folhapress

Jânio Quadros, candidato a presidente da República, exibe uma vassoura, símbolo de sua campanha presidencial. Ela era usada para mostrar que Jânio pretendia "varrer" todos os maus políticos do país. Santos, São Paulo, 1959.

1 A democracia no Brasil passou por diversos momentos. Em alguns, ela foi mais respeitada; em outros, nem tanto. Sabendo que uma parte da cidadania diz respeito ao direito ao voto, o que é possível afirmar sobre o cenário político nacional após outubro de 1945?

_____

_____

_____

Presidentes eleitos no Período Populista

Marechal Eurico Gaspar Dutra (1946-1951)

Dutra foi o primeiro presidente eleito após o restabelecimento da democracia. Foi uma época marcada por acordos políticos e comerciais, em que o governo brasileiro apoiava os estadunidenses em decisões políticas e recebia, em troca, incentivos financeiros para a compra de produtos importados. Uma das prioridades desse governo foi a construção de grandes obras, como a Usina Hidrelétrica de Paulo Afonso, na Bahia, e a Rodovia Rio-São Paulo, atualmente denominada Rodovia Presidente Dutra.

Os presidentes Eurico Gaspar Dutra (à esquerda) e Harry Truman durante a visita do presidente brasileiro aos Estados Unidos, em 1949.

A Constituição de 1946

Em 1946, por meio de uma Assembleia Constituinte, foi aprovada uma nova Constituição, cujos principais pontos foram:

- o Brasil tornou-se uma **república federativa**;
- os estados restabeleceram sua autonomia (a população poderia eleger governadores);
- os presidentes deveriam ser eleitos por voto direto e secreto, e governariam por um período de cinco anos;
- o voto tornou-se obrigatório para os brasileiros de ambos os sexos, alfabetizados e maiores de 18 anos.

> **República federativa** é quando um país tem determinado número de territórios com governos próprios (chamados de estados) e unidos por um governo federal.

 **ATIVIDADES**

1 Por que os itens da Constituição de 1946 listados acima representam o fortalecimento da democracia?

_____

_____

_____

Getúlio Vargas (1951-1954)

Getúlio Vargas lançou sua candidatura às eleições presidenciais de 1950. Um de seus principais objetivos no Período Populista foi aproximar-se da classe trabalhadora. Assim, após ser eleito, ele nomeou João Goulart, muito popular entre os operários, como Ministro do Trabalho.

ÊLE VOLTARÁ

PORQUE...

Em vão há de bramir a vaga do despeito;
Em vão há de rugir o ódio velho ou novo;
Mas, esse será o candidato eleito,
Pela vontade unânime do povo!

CPDOC/FGV, Rio de Janeiro

Cartaz da campanha presidencial de Getúlio Vargas em 1950.

Liderou uma campanha de valorização dos recursos nacionais. Um dos lemas dessa campanha era "O petróleo é nosso", que resultou na criação da Petrobras, empresa nacional destinada a explorar petróleo, em 1953.

Vargas enfrentou novamente uma grande crise política, sendo duramente criticado por jornalistas, políticos oposicionistas e militares. Ameaçado de perder novamente o poder, Vargas suicidou-se no dia 24 de agosto de 1954.

Com a morte de Getúlio Vargas, a presidência passou para seu vice, Café Filho. Contudo, ele teve de pedir afastamento por motivo de saúde em novembro de 1955. Assumiu, então, o presidente da Câmara dos Deputados, Carlos Luz, que três dias depois foi declarado impedido de exercer a presidência pelos deputados. Então, o mandato foi concluído pelo presidente do Senado, Nereu Ramos.

Cartaz da campanha para a criação da Petrobras (à época se escrevia "Petrobrás"). O petróleo era chamado de "ouro negro" por causa de seu alto valor comercial.

Primeira página do jornal *Última Hora* de 24 de agosto de 1954 com a manchete sobre o suicídio de Getúlio Vargas.

69

ATIVIDADES

1 Como Vargas conseguiu ser eleito no Período Populista?

_____

_____

_____

_____

2 Complete as frases a seguir e reescreva as palavras no diagrama.

a) Após a _____ do Estado Novo, o povo passou a escolher seus governantes por meio do voto _____ e secreto.

b) Os _____ chamados de _____ empenhavam-se em ser simpáticos, discursavam em locais _____ e procuravam transmitir a imagem de que tinham carinho pelo povo.

c) Em 1946 uma nova Constituição foi aprovada no _____, que se tornou uma república _____.

d) Durante a _____ de Vargas às eleições de 1950, houve a promessa de foco na _____ e nos direitos dos trabalhadores.

							R	
				E				
P								
				L				
	Ú							
B								
						I		
C								
				A				

3 Para conseguir votos e o apoio da população, os políticos populistas trans-mitiam a ideia de que estavam a serviço do povo. Você observa esse tipo de comportamento nos políticos da atualidade? Dê sua opinião e, em se-guida, converse sobre o assunto com seus colegas e professor.

_____

_____

_____

4 Getúlio Vargas governou o Brasil em diferentes momentos. Sobre esses períodos, escreva e justifique o que, na sua opinião, mais se destacou.

_____

_____

_____

_____

5 Leia o texto a seguir.

Art. 166 - A educação é direito de todos e será dada no lar e na escola. Deve inspi-rar-se nos princípios de liberdade e nos ideais de solidariedade humana.

BRASIL. *Constituição dos Estados Unidos do Brasil (de 18 de setembro de 1946)*. Rio de Janeiro: Assembleia Constituinte, 1946. Disponível em: www.planalto.gov.br/ccivil_03/constituicao/constituicao46.htm. Acesso em: 19 ago. 2020.

a) O que o texto diz sobre o direito à educação?

_____

_____

b) Cite um exemplo de algo que você tenha aprendido na escola.

_____

_____

_____

c) Cite um exemplo de algo que você tenha aprendido no lar.

_____

_____

_____

O futebol na sociedade

Nas primeiras décadas do século XX, o futebol passou a ter um papel importante na política e na construção da identidade nacional.

Ainda no Estado Novo, o esporte passou a ser peça fundamental para a formação da ideia de nação. O interesse da população pelo futebol era um aliado essencial do governo, que promovia por meio dele o nacionalismo. A paixão despertada pela Seleção Brasileira de Futebol ajudava a desenvolver o sentimento de patriotismo.

Por essas razões, o futebol recebeu grande estímulo durante a Era Vargas. Em virtude das vitórias da Seleção Brasileira e do orgulho das pessoas de pertencer a uma nação "vencedora", o governo colheu muitos frutos.

A década de 1930 marcou a passagem do futebol amador para o profissional. A boa participação da seleção brasileira e sua forma de jogar no Campeonato Mundial da França, em 1938, fez com que o país conquistasse prestígio mundial pela primeira vez.

Em 1950, a Copa do Mundo de Futebol foi sediada no Brasil, o que provocou grande agitação popular e investimentos volumosos do governo, sobretudo no Estádio do Maracanã, no Rio de Janeiro.

Fotografia publicada no jornal *A Gazeta Esportiva* após vitória da seleção brasileira em jogo da Copa do Mundo de 1938, na França.

Final da Copa do Mundo de Futebol de 1950, entre Brasil e Uruguai. O Brasil começou vencendo por 1 × 0, mas foi derrotado por 2 × 1. A população brasileira considerou essa derrota uma tragédia nacional.

Em 1958, o Brasil finalmente conquistou seu primeiro título mundial de futebol. A vitória ocorreu na Suécia, com grande atuação do jogador Pelé, que tinha apenas 17 anos. O título foi explorado pelo governo de Juscelino Kubitschek, que se aproveitava do otimismo nacional causado pelas conquistas esportivas.

Até hoje o futebol é um dos esportes preferidos dos brasileiros e um elemento de identificação nacional.

O presidente Juscelino Kubitschek (à esquerda) recebe Pelé após a conquista da Copa do Mundo de Futebol de 1958.

1 Por que é possível afirmar que o futebol também foi uma forma de propaganda para o Governo Vargas?

_____

_____

_____

_____

2 Em sua opinião, as conquistas esportivas são importantes para a população brasileira? Por quê?

_____

_____

Juscelino Kubitschek de Oliveira (1956-1961)

No decorrer do mandato de Juscelino Kubitschek, também chamado de JK, o país foi marcado por acelerado desenvolvimento industrial. Juscelino criou o **Plano de Metas**, que estimulava investimentos em cinco setores: alimentação, educação, energia, transportes e indústria, com destaque para estes três últimos. Seu *slogan* era "Cinquenta anos de progresso em cinco anos de governo".

No período conhecido como "Anos JK", o governo promoveu a instalação de indústrias e a construção de estradas, portos e ferrovias para o transporte de pessoas e mercadorias. Por outro lado, os altos investimentos geraram dificuldades econômicas que permaneceram nos anos seguintes.

Brasília, a nova capital

Com o objetivo de modernizar o interior do Brasil, Juscelino promoveu a construção da nova capital do país: Brasília. É a obra mais conhecida da administração de JK.

Considerado estratégico, o lugar escolhido para a nova capital foi o centro do território nacional, pois serviria de ligação entre o norte-sul e o leste-oeste do Brasil.

Arquivo EM/D.A Press

Juscelino Kubitschek em hasteamento da Bandeira Nacional na inauguração da cidade de Brasília, Distrito Federal, em 21 de abril de 1960.

A construção da cidade foi planejada pelo urbanista Lúcio Costa, cujos prédios e monumentos foram projetados pelo arquiteto Oscar Niemeyer.

Nas proximidades de Brasília, surgiram pequenas cidades onde viviam os trabalhadores que construíram a capital. Conhecidos como candangos, esses trabalhadores eram originários de diferentes regiões do país e mudaram-se para o local em busca de trabalho e melhores condições de vida.

Juscelino Kubitschek caminha até a tribuna do Palácio do Planalto e acena para a população durante a inauguração da cidade de Brasília, Distrito Federal, 1960.

Monumento *Dois guerreiros* ou *Os candangos*, Brasília, Distrito Federal, 2018.

ATIVIDADES

1 Pesquise sobre o monumento *Dois guerreiros* ou *Os candangos*. Informe:

a) o artista que o criou;

_____

b) o ano de sua criação;

_____

c) sua localização;

_____

d) quem ele homenageia.

_____

_____

Jânio da Silva Quadros (1961)

Durante a campanha presidencial, Jânio Quadros conquistou grande parte do eleitorado prometendo combater a **corrupção**. Ele criou a expressão "varrer toda a sujeira da administração pública", e o símbolo de sua campanha era uma vassoura.

Jânio tomou posse em 31 de janeiro de 1961, mas renunciou sete meses depois, em 25 de agosto, em meio a uma crise política.

João Goulart (1961-1964)

Com a renúncia de Jânio Quadros, seu vice, João Goulart, o Jango, assumiu a presidência e deveria governar até janeiro de 1965.

Jango apoiou-se nos partidos aliados e nos sindicatos para fazer o Congresso aprovar medidas populares entre os mais pobres, como a extensão dos direitos trabalhistas aos trabalhadores rurais. Contudo, as dificuldades na economia e seu comportamento político fizeram com que a elite conservadora, alguns setores da classe média e as Forças Armadas se opusessem a seu governo.

Enfraquecido politicamente, Jango foi retirado do governo em 31 de março de 1964 por uma ação organizada pelas Forças Armadas, que instaurou uma ditadura no país.

GLOSSÁRIO

Corrupção: uso de práticas ilegais para obter vantagens, como receber dinheiro ou conseguir algum cargo.

Jânio Quadros (à direita) recebe em Brasília, Distrito Federal, um dos líderes da Revolução Cubana, Che Guevara, em 1961. Essa visita recebeu muitas críticas de políticos contrários ao regime cubano.

João Goulart em discurso, em 1963.

ATIVIDADES

1 Que ideia o presidente JK pretendia transmitir com a expressão "Cinquenta anos de progresso em cinco anos de governo"?

_____

_____

_____

2 Assinale as alternativas corretas sobre o projeto da cidade de Brasília.

☐ A construção da cidade de Brasília foi planejada e organizada pelo governo.

☐ Brasília foi construída próximo a lagos para facilitar o transporte pelas águas.

☐ A localização de Brasília foi escolhida por se tratar de uma área situada na região central do Brasil.

☐ Brasília foi construída sobretudo por trabalhadores que já viviam na região anteriormente.

3 Diferentemente de Brasília, muitas cidades não foram planejadas e enfrentam dificuldades com o crescimento desordenado. Pesquise, com os colegas, a forma de crescimento da cidade em que vocês vivem. Depois, identifiquem os pontos positivos e negativos desse processo.

■ Forma de crescimento:

_____

■ Pontos positivos:

_____

_____

_____

■ Pontos negativos:

_____

_____

_____

77

4 Com base no que você ouve dos adultos com quem convive, você acha que o problema da corrupção foi resolvido no Brasil? Explique.

_____

_____

_____

5 Você viu que João Goulart apoiou-se em partidos aliados e sindicatos para aprovar medidas favoráveis aos mais pobres. Esse não deveria ser um problema a ser enfrentado pela sociedade como um todo? Explique.

_____

_____

6 Leia as frases abaixo e pinte de azul os quadrinhos que indicam ações do governo de Jânio Quadros e de verde os que se referem às ações do governo de João Goulart.

☐ O símbolo de sua campanha política era uma vassoura.

☐ Procurou ampliar os direitos trabalhistas.

☐ Renunciou ao governo em meio a uma crise política.

☐ Foi retirado do governo em meio a uma crise política.

O crescimento das cidades

No período dos governos populistas, as áreas urbanas cresceram rapidamente. Cidades como São Paulo, Rio de Janeiro, Belo Horizonte, Porto Alegre, Recife e Salvador passavam por transformações semelhantes: a quantidade de edifícios aumentou, áreas desocupadas passaram a ser habitadas, novas construções surgiram e a paisagem natural sofreu grandes alterações.

Edifícios localizados na Avenida Ipiranga com a Avenida Cásper Líbero. São Paulo, 1956.

Com essas mudanças, vieram os problemas relacionados ao crescimento desordenado das cidades.

A falta de planejamento e o grande aumento da população nas áreas urbanas acarretaram mais poluição, congestionamentos, carência de habitação e agravamento da violência. Essas situações permanecem até hoje nas grandes cidades brasileiras.

Construções precárias às margens de rio poluído. Rio de Janeiro, Rio de Janeiro, 2017.

As grandes cidades sofrem com o processo de favelização e falta de planejamento. Rio de Janeiro, Rio de Janeiro, 2018.

A população das grandes cidades sofre com o trânsito intenso e congestionamentos. São Paulo, São Paulo, 2018.

1 Quais elementos das cenas retratadas acima são exemplos de crescimento urbano?

_____

_____

Os primeiros anos da TV no Brasil

Um dos produtos mais desejados no Período Populista eram os aparelhos de televisão. No início, eram raros e caros. Somente os mais ricos tinham televisores em casa, e as transmissões eram em preto e branco.

Os primeiros programas eram similares aos de rádio, como noticiários e entrevistas, mas logo surgiram programas de auditório, telenovelas e transmissões esportivas.

A primeira emissora de TV brasileira, a TV Tupi, foi inaugurada em 18 de setembro de 1950. Com o passar do tempo, mais pessoas tiveram acesso aos aparelhos e outras emissoras surgiram, como a Record (1953), a TV Excelsior (1960), a Globo (1965) e a Bandeirantes (1967).

Dezenas de pessoas acompanham a primeira transmissão da TV Tupi. São Paulo, 1950.

1 O que levou à popularização da televisão no Brasil nos anos 1960?

_____

2 É possível comparar a importância da televisão nos anos 1960 com a do rádio nas décadas anteriores?

_____

_____

_____

_____

Racismo nos meios de comunicação

Os meios de comunicação que se popularizaram nas primeiras décadas do século XX, como jornais, revistas, rádio e televisão, muitas vezes deixavam de representar da população negra.

Mesmo com a divulgação da ideia de que o Brasil vivia uma "democracia racial", ou seja, que não havia diferenças entre brancos e negros, na prática pessoas negras eram excluídas da maioria dos veículos de comunicação.

Atores do Teatro Experimental do Negro encenam a peça *Rapsódia negra*, no Rio de Janeiro, em 1952.

No teatro, não era raro que personagens negros fossem interpretados por atores brancos com o rosto pintado.

Em 1944 surgiu, no Rio de Janeiro, o Teatro Experimental do Negro (TEN), que valorizou as características da cultura afrodescendente e deu oportunidades de trabalho a pessoas negras.

Quando o TEN foi criado, promoveu aulas de alfabetização, pois grande parte da população negra era analfabeta.

1 Pense nos filmes e programas que você conhece. Discuta em sala: Você acha importante que haja atores negros em papéis de destaque? Por quê?

2 Vimos que no período estudado os negros não tinham muitos espaços de visibilidade. Como você acha que os atuais meios de comunicação, como a internet, podem ajudar a mudar essa condição? Converse sobre isso com os colegas.

A população brasileira viveu sob governos militares entre os anos de 1964 e 1985. Durante esse período, os militares interromperam os mandatos de muitos políticos, como deputados e senadores. Além disso, a população perdeu uma série de direitos, entre eles o de eleger seu presidente. Por esse motivo, o período também ficou conhecido como Ditadura Militar.

Durante esse período, podiam se candidatar à presidência apenas militares de altos cargos. As eleições eram indiretas, ou seja, somente alguns políticos votavam e não havia participação da população.

Além disso, houve muita **repressão** a qualquer pessoa ou grupo que fizesse oposição ao governo. Assim, as greves, passeatas e manifestações populares eram proibidas. Funcionários públicos e até militares contrários ao governo foram demitidos. Quem fazia oposição poderia ser preso, torturado e até mesmo morto devido aos maus-tratos.

Nivaldo / Acervo UH/Folhapress

GLOSSÁRIO

Repressão: conjunto de medidas com o objetivo de impedir manifestações, muitas vezes por meio de violência.

Carro blindado do Exército e estudantes apoiadores da ditadura, após a notícia da renúncia de João Goulart. São Paulo, 1964.

Os presidentes militares

Os militares assumiram o governo com a promessa de desenvolver a economia brasileira antes de devolver o comando do país aos civis. Segundo eles, isso ocorreria em um curto período. Porém, não foi o que aconteceu.

Os militares ficaram 21 anos no poder. Nesse período, o Brasil teve cinco presidentes e foram criados decretos chamados **Atos Institucionais**. Eles estabeleciam leis de acordo com a vontade dos presidentes, sem que houvesse a aprovação de deputados e senadores.

Castelo Branco (1964-1967)

O general Humberto de Alencar Castelo Branco foi o primeiro presidente no Regime Militar. Em seu governo, ele extinguiu todos os partidos políticos e autorizou apenas dois novos partidos: Aliança Renovadora Nacional (Arena), partido do governo, e Movimento Democrático Brasileiro (MDB), de quem era contrário a ele. Desse modo, o governo conseguia monitorar e combater as ações políticas dos opositores, que ficavam todos reunidos em um único partido.

Humberto de Alencar Castelo Branco. Brasília, Distrito Federal, 1964.

Arthur da Costa e Silva (1967-1969)

Em março de 1967, o general Arthur da Costa e Silva assumiu a Presidência da República. Nesse mesmo ano, foi aprovada a nova Constituição do Brasil, sob protestos do MDB.

Em meados de 1968 ocorreram manifestações contra o governo em diversos locais do Brasil. Em resposta, o presidente decretou o Ato Institucional nº 5 (conhecido como AI-5), que proibia manifestações políticas populares e possibilitava interromper o mandato de qualquer político contrário ao governo.

Arthur da Costa e Silva em visita à cidade de São Paulo, 1968.

ATIVIDADES

1 Cite duas características dos primeiros anos do Regime Militar no Brasil.

_____

_____

_____

_____

2 Assinale a frase incorreta sobre o Regime Militar e reescreva-a no espaço abaixo, corrigindo-a.

☐ Os partidos políticos foram extintos e dois novos partidos foram criados.

☐ As manifestações contrárias ao governo militar eram toleradas.

☐ Os Atos Institucionais eram publicados de acordo com a vontade do presidente.

_____

_____

_____

3 Leia, a seguir, o trecho de um documento publicado durante o Regime Militar.

Art. 3º – O Presidente da República, no interesse nacional, poderá decretar a intervenção nos Estados e Municípios, sem as limitações previstas na Constituição.

BRASIL. _Ato Institucional nº 5, de 13 de dezembro de 1968._ Brasília, DF: Presidência da República, 1968. Disponível em: www.planalto.gov.br/ccivil_03/ait/ait-05-68.htm. Acesso em: 20 ago. 2020.

a) Em que documento esse texto foi publicado?

_____

b) Em que ano esse documento foi publicado? Quem era o presidente nesse período?

_____

c) Que característica do Regime Militar pode ser identificada no artigo? Converse com o professor e responda à pergunta oralmente.

Emílio Garrastazu Médici (1969-1974)

O general Médici assumiu a presidência em 1969, após o afastamento do presidente Costa e Silva por problemas de saúde.

Decretou um Ato Institucional que previa a pena de morte para aqueles que realizassem ações contra o Regime Militar. Assim, diversas pessoas foram presas, torturadas e obrigadas a deixar o país por discordarem do governo. Por essa razão, o período da administração Médici ficou conhecido como os **Anos de chumbo**.

No Governo Médici, o Brasil passou por uma rápida industrialização e a economia teve grande crescimento, impulsionado à base de empréstimos estrangeiros. Esse crescimento ficou conhecido como **milagre econômico**.

Como os meios de comunicação passavam por censura, não eram divulgadas notícias que pudessem abalar a imagem do governo. Assim, muitas pessoas viviam sem conhecer a real situação do país, e parte da população acreditava que o Brasil passava por um dos melhores momentos de sua história, mesmo com repressão, tortura e até morte de quem agia em oposição ao governo.

Coleção particular

Cartaz de divulgação da Semana da Pátria veiculado durante o governo de Médici. Para impulsionar o sentimento nacionalista, o governo militar propagava frases de efeito como "Ninguém segura este país"; "Brasil: ame-o ou deixe-o"; além de frases que relacionavam o desenvolvimento nacional à presença de militares no governo, como o lema "Desenvolvimento e segurança".

Roberto Stuckert/Folhapress

As conquistas esportivas eram exploradas pelo governo, que se aproveitava delas para fortalecer a imagem de que o país passava por um período de crescimento. Em 1970, a Seleção Brasileira de Futebol conquistou o título da Copa do Mundo, disputada no México. Na fotografia, Pelé exibe o troféu do torneio ao lado de Médici e de outros jogadores, após o retorno da equipe ao Brasil.

Ernesto Geisel (1974-1979)

Em 1974, o general Ernesto Geisel assumiu a Presidência da República.

Devido à fase ruim da economia, surgiu uma grande insatisfação popular com o governo. Diante disso, o presidente anunciou um plano de transição do Regime Militar para o governo de civis – processo que ficou conhecido como **abertura política**. Ainda assim, Geisel garantiu que o processo ocorresse de maneira lenta e controlada pelo governo. Com isso, terminou seu mandato assegurando que os militares permanecessem no poder por mais alguns anos.

Ernesto Geisel em visita à cidade de São Paulo, 1976.

João Batista Figueiredo (1979-1985)

Em 1979, o general João Figueiredo assumiu a presidência com o compromisso de dar seguimento à transição do governo militar para um governo civil. No mesmo ano, foi aprovada a Lei de Anistia, que permitia o retorno dos **exilados políticos** ao Brasil.

Em 1983 ocorreram grandes manifestações pelo fim da Ditadura Militar e por eleições diretas. Essa campanha ficou conhecida como Diretas Já e contou com grande apoio popular.

João Batista Figueiredo toma posse em Brasília, Distrito Federal, 1979.

 GLOSSÁRIO

Exilado político: indivíduo afastado do país por motivos políticos.

No dia 25 de janeiro de 1984, um comício na Praça da Sé, na cidade de São Paulo, reuniu uma multidão em favor das eleições diretas para presidente da República.

Censura, repressão e resistência

A censura aos meios de comunicação foi bastante intensa durante a Ditadura Militar, sobretudo durante os chamados Anos de chumbo (1968-1974). Os filmes e as mais diversas publicações em jornais, revistas e outros meios de comunicação eram conferidos pelos membros do governo, e os trechos considerados críticos ou de oposição ao regime eram vetados e tinham a veiculação proibida.

Os textos considerados inadequados pelos censores eram imediatamente proibidos de serem veiculados. Na fotografia, censor (ao fundo) analisa textos em sede de jornal, em São Paulo, 1973.

Houve também o fortalecimento dos órgãos de segurança, o que causou diversas prisões por motivos políticos. A tortura, que levou muitos presos à morte, era uma prática comum, embora grande parte da população não tomasse conhecimento desses acontecimentos em razão da censura imposta aos meios de comunicação.

Um dos casos mais chocantes de tortura ocorreu em 1975, quando o jornalista da TV Cultura de São Paulo Vladimir Herzog, o Vlado, foi levado a uma delegacia e encontrado morto pouco tempo depois. Na época, os militares alegaram que ele havia cometido suicídio, mas tempos depois foi constatado que ele havia falecido devido aos maus-tratos recebidos na prisão.

Cerimônia de sepultamento do jornalista Vladimir Herzog, no Cemitério Israelita do Butantã, em São Paulo, 1975.

1 Em grupos, pesquisem na internet imagens de capas de jornais que foram censuradas pelos governos militares brasileiros entre 1964 e 1985. Depois, identifiquem as ações tomadas pelos editores desses jornais em resposta às censuras sofridas.

A resistência à ditadura

A resistência à ditadura foi algo constante e motivou diversas manifestações, desde passeatas até pichações e publicação de jornais **clandestinos**.

Em 1968, ocorreram várias manifestações contrárias ao governo em diversas partes do Brasil, com destaque para uma passeata organizada pelo movimento estudantil, no dia 26 de junho: a Passeata dos Cem Mil, no Rio de Janeiro.

Ela contou com a participação de artistas, estudantes, professores e outras parcelas da população que exigiam o retorno da democracia e o fim da violência policial. Logo em seguida, manifestações contra o governo foram proibidas em todo o território nacional.

Passeata dos Cem Mil. Rio de Janeiro, 1968.

Além de estudantes, muitos artistas das mais diversas áreas resistiram à censura imposta na época, procurando demonstrar sua insatisfação com o Regime Militar por meio de músicas, textos literários e outras formas de expressão. Mais tarde, eles se tornariam símbolos da luta contra a censura e da resistência pela democracia.

Os cantores Caetano Veloso e Gilberto Gil, por exemplo, chegaram a ser presos em dezembro de 1968 por causa de seu posicionamento político contrário ao regime; porém, a acusação era de que eles haviam

A-Z GLOSSÁRIO

Clandestino: feito em segredo; ilegal.

desrespeitado o Hino Nacional e a Bandeira Nacional. No ano seguinte, os dois se exilaram e só puderam voltar ao Brasil de forma definitiva em 1972.

Outro grupo muito atuante na luta contra a Ditadura Militar foram os operários. Em 1978, enquanto o Brasil passava pela abertura política (período de transição iniciado no Governo Geisel), eles iniciaram uma série de greves em São Paulo e em outras cidades próximas reivindicando melhores salários. A figura de maior destaque nesse movimento foi a do metalúrgico Luiz Inácio da Silva, conhecido como Lula. Devido à sua atuação política, Lula também chegou a ser preso durante 31 dias, após participar de uma greve em 1980.

Artistas em protesto contra a censura no Rio de Janeiro, 1968.

Greve de operários em São Bernardo do Campo, São Paulo, 1979.

BRINCANDO DE HISTORIADOR

Em grupos, escolham um adulto que tenha vivido na época do Regime Militar (1964-1985) e que se lembre do período. Em seguida, façam ao entrevistado as perguntas abaixo. Um integrante ficará responsável por anotar as respostas no caderno.

- Qual é seu nome?
- Qual é sua idade?
- Por quantos anos você viveu sob o Regime Militar?
- Qual era sua profissão durante a ditadura? É a mesma de agora?
- Que acontecimentos foram mais marcantes para você nesse período?

ATIVIDADES

1 Escreva um significado para cada expressão abaixo.

a) Anos de chumbo:

_____

_____

b) Milagre econômico:

_____

_____

c) Atos Institucionais:

_____

_____

_____

2 Leia as frases a seguir e classifique-as com **V**, caso sejam verdadeiras, ou **F**, se forem falsas.

☐ Os militares chegaram ao poder após vencerem João Goulart nas eleições.

☐ A Ditadura Militar no Brasil ocorreu entre os anos de 1964 e 1985.

☐ Durante o Regime Militar, os presidentes eram eleitos de maneira indireta.

☐ Os Atos Institucionais eram publicados com aprovação popular.

☐ Durante o Regime Militar, as greves foram combatidas pelo governo.

3 Reescreva as frases classificadas como falsas na atividade anterior, corrigindo-as.

_____

_____

_____

_____

4 Além dos músicos, atores e poetas, outros artistas também buscaram demonstrar em suas obras o descontentamento com os governos militares. Enquanto isso, o governo criava frases para promover o próprio posicionamento político. Observe.

Propaganda do governo militar, 1973.

Charge publicada em *Almanaque do Ziraldo*, 1979.

a) Que mensagem o cartaz divulgado pelo governo transmitia?

_____

b) A charge de Ziraldo ilustra a frase utilizada pelo governo de modo a transmitir outra mensagem. Que mensagem é essa?

_____

_____

_____

_____

c) As duas imagens exibem a mesma frase. Qual é sua opinião a respeito dela?

_____

_____

_____

_____

_____

O "milagre econômico" e a questão indígena

Durante o período conhecido como "milagre econômico", a instalação de empresas nacionais e estrangeiras motivou o governo a investir na construção de estradas em regiões de floresta, com o objetivo de aumentar a área do território nacional ocupada por indústrias e por atividades agrícolas.

Contudo, uma longa pesquisa realizada pela Comissão Nacional da Verdade (CNV) revelou que diversas violações aos direitos dos indígenas ocorreram em meio à construção dessas estradas, pois as áreas escolhidas eram habitadas por diferentes povos. A violência na remoção dos indígenas de suas terras, o ataque aos grupos que resistiam e os maus-tratos provocaram no mínimo 8 mil mortes, o que representou a quase extinção de alguns povos.

Claudine Petroli/Estadão Conteúdo/AE

Aldeia indígena em meio à construção da rodovia Transamazônica. Amazonas, 1980.

A Comissão Nacional da Verdade foi um grupo de pesquisa criado em 2012 com o objetivo de apurar graves violações de direitos humanos ocorridas entre 1946 e 1988. A comissão não pretendia exigir punições. Ela buscava manter viva a memória de quem sofreu com as violências e promover a reconciliação nacional.

Comissão da Verdade
CONSOLIDAÇÃO DA DEMOCRACIA

Presidente Dilma Roussef durante cerimônia de Instalação da Comissão Nacional da Verdade, no Palácio do Planalto, em Brasília, Distrito Federal, 2012.

Seus membros e as pessoas que participaram de suas atividades analisaram um conjunto grande de documentos. Eles também colheram centenas de depoimentos de pessoas que viveram na época.

A comissão se concentrou nos acontecimentos da Ditadura Militar, ocorridos entre 1964 e 1985. Uma das preocupações de seus integrantes foi gerar um conteúdo que se concentrasse nos fatos e fosse isento de análises críticas.

Entre seus três volumes, um deles é dedicado inteiramente às 434 vítimas oficiais que morreram sob responsabilidade dos governos ditatoriais. O volume conta a vida dessas pessoas e como elas morreram.

Responda às questões a seguir no caderno.

1 De acordo com o texto, qual era a intenção do governo ao construir estradas em áreas de floresta?

2 Qual é a relação entre a construção das estradas e as mortes dos indígenas?

3 Em sua opinião, é possível justificar o uso da violência contra os indígenas em nome do desenvolvimento econômico? Por quê?

A VOLTA DA DEMOCRACIA

Apesar de a população ter pressionado o governo com a campanha Diretas Já, as eleições presidenciais de 1985 ocorreram de maneira indireta.

Em 15 de janeiro de 1985, Tancredo Neves, político mineiro do MDB, venceu o paulista Paulo Maluf, do Arena, nas eleições presidenciais realizadas por um **colégio eleitoral**. Assim, mesmo que indireta, a eleição de um presidente civil depois de mais de 20 anos de dirigentes militares marcou o fim da Ditadura Militar no Brasil.

Tancredo Neves assumiria a presidência no dia 15 de março; no entanto, ele adoeceu gravemente antes de tomar posse e faleceu em abril de 1985. Assim, o vice-presidente José Sarney tomou posse e permaneceu no governo por 5 anos.

GLOSSÁRIO

Colégio eleitoral: grupo responsável por realizar uma eleição. Nas eleições de 1985, esse grupo foi composto por políticos (senadores e deputados).

F. Gualberto/CB/D.A Press

Manifestação no Congresso Nacional em comemoração à posse de José Sarney. Até aquele momento, ainda não havia a certeza de que realmente os militares devolveriam o poder aos civis. Brasília, Distrito Federal, 1985.

O Governo Sarney

Durante a década de 1980 o Brasil viveu uma grande crise econômica. Em fevereiro de 1986, com o objetivo de combater a **inflação**, o presidente José Sarney lançou o **Plano Cruzado**, que paralisou os preços pelo período de um ano e substituiu a antiga moeda, o cruzeiro, pelo cruzado. Além disso, os salários passaram a ser reajustados anualmente. Com o Plano Cruzado também foi criado o seguro-desemprego, que garantia uma fonte de renda temporária aos trabalhadores demitidos pelas empresas.

O presidente José Sarney durante reunião ministerial. Brasília, Distrito Federal, 1986.

Inicialmente, o plano foi muito bem-sucedido, mas com o aumento no consumo de certos produtos, as lojas ficaram sem estoque para vender e, em muitos casos, os preços voltaram a subir. Assim, em janeiro de 1989 foi criado o segundo projeto de estabilização da economia, o **Plano Verão**. Com a nova moeda, o cruzado novo, preços e salários foram paralisados. Isso gerou resultado positivo nos primeiros meses, porém a inflação retornou rapidamente.

GLOSSÁRIO

Inflação: aumento dos preços das mercadorias.

No início da década de 1990, a inflação no Brasil foi tão alta que era chamada de hiperinflação.

Prateleiras vazias em supermercado, São Paulo, 1987.

SAIBA MAIS

Como era a vida no Brasil da hiperinflação?

Caótica! Entre a década de 1980 e 1990 os preços de produtos e serviços brasileiros subiram absurdamente. Para viver nessa época, além de gastarem todo seu salário rapidamente, as pessoas criaram hábitos que perduram até os dias de hoje, como o de fazer compras do mês. [...]

Ao primeiro anúncio de alta de preços, todos temiam que tudo pudesse subir e, então, saíam correndo para as compras. Isso, é claro, causava filas gigantescas em diversos estabelecimentos, de mercados a postos de combustíveis.

Renata Martins. *Mundo Estranho*, São Paulo, 24 fev. 2017. Disponível em: http://mundoestranho.abril.com.br/cotidiano/como-era-a-vida-no-brasil-da-hiperinflacao/. Acesso em: 20 ago. 2020.

BRINCANDO DE HISTORIADOR

1 Forme um grupo com alguns colegas e entrevistem uma pessoa com mais de 40 anos de idade que tenha vivenciado os planos econômicos do Governo Sarney: Plano Cruzado, de 1986, e Plano Verão, de 1989. Registre o nome completo e a idade do entrevistado em uma folha de papel à parte. Em seguida, pergunte:

- Como a inflação afetava seu dia a dia?
- O que você achou da instituição do Plano Cruzado, em 1986?
- O que você achou da instituição do Plano Verão, em 1989?
- Como eram feitas as compras naquela época?

Um integrante ficará encarregado de registrar as respostas.

2 Levem as entrevistas para a sala de aula e, com os colegas e o professor, analisem-nas e respondam: O que vocês descobriram de mais interessante?

_____

_____

_____

A Constituição de 1988

Em 15 de novembro de 1986, a população escolheu, por voto direto, governadores, senadores e deputados. Os congressistas (senadores e deputados) eleitos naquele ano tinham uma importante missão: elaborar a nova Constituição do Brasil. Assim, em 1º de fevereiro de 1987 foram iniciados os trabalhos da Assembleia Nacional Constituinte, composta de 559 congressistas e presidida pelo deputado Ulysses Guimarães.

Em 5 de outubro de 1988 foi publicada a nova Constituição brasileira. Ela ficou conhecida como Constituição Cidadã, pois devolvia aos cidadãos muitos dos direitos perdidos durante o Regime Militar, com destaque para o direito de votar para presidente.

A Constituição também promoveu mudanças no território nacional: os antigos territórios do Amapá e de Roraima passaram a ser estados; o Arquipélago de Fernando de Noronha passou a pertencer a Pernambuco; e criou-se um novo estado, Tocantins, desmembrado de Goiás.

Ulysses Guimarães exibe a Constituição Cidadã no dia de sua promulgação. Brasília, Distrito Federal, 1988.

SAIBA MAIS

O direito ao voto após 1988

A Constituição de 1988 devolveu ao povo brasileiro o direito de escolher o presidente por voto direto e secreto. Atualmente, o voto é obrigatório para as pessoas alfabetizadas com idade entre 18 e 70 anos. Para os analfabetos, os jovens com idade entre 16 e 18 anos e as pessoas com mais de 70 anos, o voto é facultativo.

1 Converse com jovens entre 16 e 18 anos. Pergunte-lhes se já votaram ou se pretendem votar antes de completarem 18 anos de idade. Monte uma tabela em uma folha de papel à parte e anote nela as informações. De forma coletiva, analise o resultado de sua pesquisa.

ATIVIDADES

1 Qual foi o resultado da campanha Diretas Já?

_____

_____

2 Em sua opinião, a campanha pelas eleições diretas foi importante? Justifique.

_____

_____

3 Quem escolheu o presidente nas eleições de 1985?

_____

4 Observe o mapa a seguir.

Fonte: IBGE. _Atlas geográfico escolar_. 8. ed. Rio de Janeiro: IBGE, 2018. p. 90.

a) Circule no mapa atual os estados que surgiram após 1988.

b) Qual foi a causa da mudança que você observou no mapa?

_____

As eleições de 1989 e o Governo Collor

Em novembro de 1989, milhões de brasileiros foram às urnas escolher o presidente do país. A última eleição direta para presidente havia ocorrido em 1960.

As eleições aconteceram em dois turnos. Fernando Collor de Mello venceu Luiz Inácio Lula da Silva em dezembro de 1989 e tomou posse em 15 de março de 1990.

Presidente Fernando Collor de Mello, em Brasília, Distrito Federal, 1990.

Após tomar posse, o presidente instituiu o Plano Brasil Novo, conhecido como Plano Collor. Com esse plano, a moeda nacional voltou a ser o cruzeiro, os preços e os salários foram paralisados e as contas da poupança de todos os brasileiros foram bloqueadas. Isso gerou muita insatisfação popular.

Além disso, denúncias do envolvimento do presidente em esquemas de corrupção causaram revolta na população. Assim, em setembro de 1992, a Câmara dos Deputados votou pelo afastamento de Collor enquanto o Senado julgava o pedido de *impeachment* contra ele.

Durante as investigações das denúncias, jovens de todo o Brasil foram às ruas e pediram o fim do mandato de Collor. Esses jovens pintavam o rosto para expressar seu descontentamento; por isso, ficaram conhecidos como "caras-pintadas".

 GLOSSÁRIO

Impeachment: em português, significa "impedimento"; processo político-criminal instalado no Congresso Nacional para apurar denúncias de crime grave no exercício de funções de altos cargos. Se condenado, o investigado perde o cargo.

Jovens caras-pintadas durante manifestação pelo *impeachment* do presidente Fernando Collor. São Paulo, 1992.

Por causa das diversas tensões políticas geradas em seu governo, Fernando Collor renunciou à presidência, que foi assumida pelo vice-presidente Itamar Franco.

No governo de Itamar Franco foi criado um novo plano econômico. Chefiado pelo ministro da Fazenda Fernando Henrique Cardoso, o **Plano Real** criou uma nova moeda, o real. Ao contrário dos projetos anteriores, esse plano obteve sucesso na redução da inflação. Com isso, o poder de compra da população aumentou.

O presidente Itamar Franco (à direita) apresenta cédulas de real. Brasília, Distrito Federal, 1994.

ATIVIDADES

1 Pesquise as moedas utilizadas no Brasil ao longo da história. Escolha duas e traga imagens e informações delas para mostrar aos colegas e ao professor.

2 Procure em jornais, revistas ou na internet notícias sobre o tema "Corrupção". Selecione duas delas e escreva no caderno:

- os títulos das notícias pesquisadas por você;
- onde essas notícias foram publicadas.

Agora, forme um grupo com alguns colegas e confeccionem um painel com as informações coletadas.

3 É possível afirmar que a corrupção no Brasil acabou? Justifique no caderno.

O Governo Fernando Henrique Cardoso

O sucesso do Plano Real motivou a candidatura de Fernando Henrique Cardoso à Presidência da República nas eleições de 1994. FHC, como também era chamado, concorreu ao cargo com Luiz Inácio Lula da Silva e venceu as eleições.

Eleito, o presidente FHC promoveu um processo de **privatização** de empresas públicas, como rodovias federais, bancos e empresas de telefonia, além da Vale do Rio Doce, exploradora de minerais.

Essas privatizações dividiram as opiniões da população. Enquanto uns apoiavam, alegando que os serviços seriam melhorados e até barateados, outros criticavam, argumentando que a privatização favorecia apenas as elites.

Em 1997 foi aprovada a lei que permitia a reeleição para presidente, governador e prefeito. FHC se candidatou e venceu as eleições de 1998, tornando-se o primeiro presidente reeleito do Brasil.

Diferentemente dos primeiros anos de governo, no segundo mandato Fernando Henrique Cardoso teve dificuldades para o controle da inflação. Além disso, uma crise no fornecimento de energia elétrica fez com que a popularidade dele diminuísse, favorecendo os políticos da oposição.

GLOSSÁRIO

Privatização: ato de privatizar, ou seja, tornar privado, particular.

Antonio Scorza/AFP

Fernando Henrique Cardoso acena do Palácio do Planalto, em Brasília, Distrito Federal, 1995.

Nas eleições de 2002, FHC apoiou o ex-ministro da Saúde, José Serra, que implantou o programa de produção e venda de remédios mais baratos, os genéricos. Contudo, Serra foi derrotado por Luiz Inácio Lula da Silva, o Lula, que foi eleito presidente após concorrer pela quarta vez.

O presidente Fernando Henrique Cardoso durante cerimônia de posse após ser reeleito. Brasília, Distrito Federal, 1999.

ATIVIDADES

1 Complete as frases a seguir com as palavras adequadas.

a) Fernando Henrique Cardoso ficou popular após o _____, que obteve sucesso no controle da _____.

b) O governo de Fernando Henrique Cardoso ficou conhecido pelo amplo processo de _____ de empresas públicas.

2 Faça a correspondência entre os presidentes e os acontecimentos abaixo.

a) José Sarney

b) Fernando Collor de Mello

c) Itamar Franco

d) Fernando Henrique Cardoso

☐ Governava o Brasil quando foi lançado o Plano Real.

☐ Foi o primeiro presidente a ser reeleito.

☐ Renunciou à presidência após denúncias de corrupção.

☐ Lançou diversos planos econômicos para combater a hiperinflação.

PEQUENO CIDADÃO

A Constituição de 1988 e os povos indígenas

A Constituição de 1988 assegurou direitos fundamentais aos indígenas brasileiros.

Leia, a seguir, trechos da Constituição de 1988.

Art. 231. São reconhecidos aos índios sua organização social, costumes, línguas, crenças e tradições, e os direitos originários sobre as terras que tradicionalmente ocupam, competindo à **União** demarcá-las, proteger e fazer respeitar todos os seus bens.

§ 1º São terras tradicionalmente ocupadas pelos índios as por eles habitadas em caráter permanente, as utilizadas para suas atividades produtivas, as imprescindíveis à preservação dos recursos ambientais necessários a seu bem-estar e as necessárias a sua reprodução física e cultural, segundo seus usos, costumes e tradições.

§ 2º As terras tradicionalmente ocupadas pelos índios destinam-se a sua posse permanente, cabendo-lhes o usufruto exclusivo das riquezas do solo, dos rios e dos lagos nelas existentes. [...]

GLOSSÁRIO

União: governo federal.

BRASIL. *Constituição da República Federativa do Brasil de 1988*. Brasília, DF: Presidência da República, 1988. Disponível em: www.planalto.gov.br/ccivil_03/constituicao/constituicao.htm. Acesso em: 20 ago. 2020.

1 Responda às perguntas no caderno.

a) Qual é o papel do governo federal em relação às terras indígenas?

_____

b) A quem pertence o direito de usufruir das riquezas do solo e dos rios existentes nas terras indígenas?

_____

_____

c) A demarcação é importante para os indígenas? Por quê?

_____

_____

UNIDADE 8

O BRASIL NO SÉCULO XXI

No início do século XXI, o Brasil foi marcado pela popularização dos meios de comunicação. Os serviços de telefonia e internet ficaram mais acessíveis e mais pessoas passaram a ter acesso a eles.

A popularização da internet levou a grandes mudanças no modo de comunicação. Se antes a maioria das pessoas tinha acesso somente à informação por meio de rádio e TV, com a internet passaram a acessar informações do mundo todo.

Além disso, uma característica da internet é que as pessoas não apenas recebem informações; elas também as enviam ou publicam. A facilidade na troca de informações fez com que houvesse, nos primeiros anos do século XXI, intensa participação política da população por meio da internet.

Parte dessas mudanças ocorreu durante o governo de Luiz Inácio Lula da Silva.

Raitan Ohi

A comunicação está presente em nossa vida de diversas formas, seja pessoalmente seja de forma virtual.

O Governo Lula

Lula foi o primeiro candidato vindo das classes populares a tornar-se presidente da República. Em 2002, foi eleito com a promessa de que seu governo seria voltado principalmente às pessoas mais pobres.

No governo dele foram desenvolvidos os programas Fome Zero, cujo objetivo era combater a fome no país, e foi aprimorado o Bolsa Família, que garantia ajuda financeira às famílias mais pobres que tinham crianças e adolescentes de até 17 anos.

Fernando Henrique Cardoso entrega a faixa presidencial a Luiz Inácio Lula da Silva, Brasília, Distrito Federal, 1º de janeiro de 2003. A cerimônia de posse de Lula marcou o momento em que um presidente eleito pelo povo finalmente pôde passar a faixa a outro.

Cartaz de propaganda do Bolsa Família. Esse programa uniu antigos programas de FHC a novas propostas de Lula.

Outro fator que influenciou positivamente seu mandato foi o controle da inflação, que, em conjunto com outras medidas, ajudou no crescimento econômico do país.

Apesar da popularidade dos programas sociais e da prosperidade econômica, o Governo Lula passou por grave crise em 2005, quando diversos membros do governo foram acusados de corrupção. No entanto, a crise não afetou a popularidade do presidente, que foi reeleito em 2006.

Ao assumir o segundo mandato, em 2007, o presidente implantou o Programa de Aceleração do Crescimento (PAC), um conjunto de medidas econômicas que visavam desenvolver a economia brasileira, gerar empregos e melhorar as condições de vida da população.

Os anos do Governo Lula foram marcados por melhora na qualidade de vida da maioria da população, controle da inflação e ampliação do acesso a serviços essenciais, como fornecimento de água encanada e energia elétrica. Por outro lado, as acusações de corrupção continuaram a ocorrer e causaram muita indignação em parte da população.

Lula em encontro com o presidente dos Estados Unidos, Barack Obama, em 2009. A atuação internacional de Lula foi um dos destaques de seu governo, e contribuiu para o aumento de sua popularidade no Brasil e no exterior.

ATIVIDADES

1 Cite alguns dos fatores que garantiram popularidade ao Governo Lula.

_____

_____

_____

2 Em sua opinião, que aspectos devem ser priorizados para que a população tenha qualidade de vida? Por quê?

_____

_____

_____

O Governo Dilma

Em 2010, último ano de Lula no governo, foi eleita para presidente do Brasil Dilma Vana Rousseff. Antes de se tornar presidente, ela havia sido ministra do Governo Lula, de quem recebeu grande apoio. A eleição de Dilma foi um fato histórico e inédito, pois pela primeira vez, no Brasil, uma mulher foi escolhida para ser a principal governante.

A presidente procurou dar continuidade aos programas sociais e econômicos desenvolvidos no Governo Lula, mas a economia entrou em crise e parte da população passou a manifestar-se de forma contrária ao governo. Em 2013, ocorreram diversas manifestações em todo o Brasil, grande parte delas contra o mau uso do dinheiro público, sobretudo por causa dos altos gastos com a construção de estádios para a Copa do Mundo de Futebol de 2014, sediada no Brasil. Além disso, foram descobertos diversos casos de corrupção envolvendo a Petrobras, uma empresa estatal.

Os casos de corrupção na política abalaram gravemente a popularidade de Dilma. Ainda assim, ela foi reeleita em 2014, vencendo Aécio Neves em uma disputa muito acirrada.

A presidente eleita Dilma Rousseff na cerimônia de posse realizada no Palácio do Planalto. Brasília, Distrito Federal, 1º de janeiro de 2011.

Em junho de 2013, uma série de manifestações populares ocorreu em todo o Brasil. A fotografia retrata a manifestação contra o aumento das tarifas de transporte público na cidade de São Paulo.

107

A vitória de Dilma não foi bem aceita por parte da população, que passou a realizar diversas manifestações contrárias a seu novo governo.

Entretanto, muitas pessoas favoráveis à presidente eleita também se manifestaram, revelando que a população do país estava dividida politicamente: de um lado, os opositores à Dilma e a seu partido, o Partido dos Trabalhadores (PT); do outro, os apoiadores de Dilma e simpatizantes do PT. Grande parte dessas manifestações foi convocada pela internet.

Manifestação contrária ao Governo Dilma na cidade de São Paulo, 2015. Nas faixas dos manifestantes é possível ler a frase "*Impeachment* já".

Em meio aos protestos de parte da população, Dilma perdeu apoio: muitos políticos que antes eram aliados da presidente passaram a criticá-la, incluindo o vice-presidente, Michel Temer, o que gerou uma grave crise política no país. Em pouco tempo, os deputados e senadores opositores de Dilma tornaram-se maioria e ela foi afastada do governo em um processo de *impeachment*.

Dilma Rousseff (à direita) apresenta sua defesa durante processo de *impeachment* no Congresso Nacional. Brasília, Distrito Federal, 2016.

ATIVIDADES

1 Observe a imagem e responda às perguntas a seguir.

Ricardo Moraes/Reuters/Fotoarena

Manifestação contrária aos gastos com a Copa do Mundo de Futebol no Brasil. No cartaz, é possível ler a frase "Enquanto rola a bola... falta saúde e escola". Rio de Janeiro, 2013.

a) Que evento está sendo criticado no cartaz?

_____

b) Você concorda com o protesto transmitido pelo cartaz? Por quê?

_____

_____

_____

2 Nas frases a seguir, a respeito do governo de Dilma Rousseff, escreva **V** para as verdadeiras e **F** para as falsas.

☐ Dilma Rousseff procurou dar continuidade aos programas sociais e econômicos desenvolvidos nos governos anteriores.

☐ Uma das causas de insatisfação da população foi o mau uso do dinheiro público nas obras destinadas à Copa do Mundo de 2014.

☐ Dilma reelegeu-se presidente da República com ampla vantagem.

☐ Após a reeleição, Dilma teve total apoio da população brasileira.

☐ Apesar das críticas, Dilma foi apoiada pelos demais políticos do país durante todo o seu governo.

O Governo Temer

Michel Temer já havia sido vice-presidente durante o primeiro mandato de Dilma. Em 2014, participou novamente das eleições e seguiu como vice-presidente, cargo que ocupou até que o processo de *impeachment* fosse concretizado.

A ascensão de Temer à presidência do país, em 2016, fez com que parte da população insatisfeita com o governo Dilma se tranquilizasse, mas revoltou as pessoas contrárias ao *impeachment*, que o acusaram de articular um golpe, ou seja, de organizar uma manobra desonesta para chegar ao poder.

A propaganda do PMDB, partido de Michel Temer, dizia que ele era o "presidente certo na hora certa". Em seu governo, Temer aliou-se a antigos opositores de Dilma, como os senadores Aécio Neves e José Serra. O objetivo era conquistar apoio para a implantação de novos projetos políticos e econômicos no país.

Michel Temer discursa no dia de sua posse como presidente, em 12 de maio de 2016. Ele assumiu a presidência após o afastamento de Dilma Rousseff.

Com o apoio da maioria de deputados e senadores, Michel Temer conseguiu implantar projetos econômicos de combate à inflação e propôs uma reforma trabalhista, que modificou amplamente as relações de trabalho, eliminando muitos direitos dos trabalhadores que haviam sido consolidados na época de Vargas com a Consolidação das Leis do Trabalho (CLT).

Diversos casos de corrupção envolvendo políticos de seu governo continuaram a ser divulgados, e a situação política do país permaneceu agitada.

ATIVIDADES

1 Qual foi a reação da população com a ascensão de Temer à presidência?

_____

_____

2 Pergunte aos adultos que convivem com você a opinião deles sobre a posse de Temer. Apresente as opiniões que ouviu aos colegas.

A desigualdade e as ações afirmativas

No Brasil, estima-se que metade da população viva sem alguns dos serviços considerados essenciais, como tratamento de água e esgoto, coleta de lixo e fornecimento de água encanada e energia elétrica.

Esses dados revelam que há no país grande desigualdade social, pois muitas vezes é possível encontrar, em uma mesma região, pessoas extremamente ricas e pessoas muitíssimo pobres.

No início da década de 2010, a percepção dessa desigualdade levou o governo brasileiro a adotar medidas que ficaram conhecidas como ações afirmativas. Elas visavam ampliar o acesso de pobres, indígenas, afrodescendentes e pessoas com deficiência à universidade e ao mercado de trabalho, e foram apoiadas por muitas pessoas. Por outro lado, diversas pessoas foram contrárias a algumas dessas ações, sobretudo o estabelecimento de cotas em empresas e universidades.

Veja, a seguir, alguns dos argumentos favoráveis e contrários às ações afirmativas.

A favor	Contra
As desigualdades são visíveis, além de serem atestadas por diversas pesquisas.	De acordo com a Constituição, todos somos iguais e temos os mesmos direitos.
Ações como as cotas são importantes para começar a mudar o quadro social do país e reduzir os preconceitos.	Ações como as cotas podem aumentar o preconceito, pois destacam a diferença em vez da igualdade.

1 Qual é sua opinião sobre as ações afirmativas? Pesquise esse assunto na internet e converse com os adultos de sua família para aprofundar-se no tema. Registre suas impressões no caderno.

O Governo Bolsonaro

No final de 2018, ocorreram novas eleições presidenciais. Elas foram marcadas por um aprofundamento das tensões políticas que já vinham se acirrando no Brasil desde as manifestações de 2013. Boa parte do eleitorado se mostrou cansada das inúmeras acusações de corrupção que vinham se acumulando nos últimos anos.

Assim, em 2018 disputaram, no primeiro turno, 13 candidatos das mais variadas tendências políticas. Os dois mais votados foram Jair Bolsonaro e Fernando Haddad, candidatos com ideias opostas. Na disputa do segundo turno, Bolsonaro saiu vitorioso, assumindo a presidência no dia 1º de janeiro de 2019.

Os primeiros meses de seu mandato foram marcados por controvérsias que dividiram a opinião pública entre apoiadores e opositores.

Bolsonaro em cerimônia de posse como novo presidente do Brasil. Brasília, Distrito Federal, 2019.

Uma das principais polêmicas que marcou o período inicial do Governo Bolsonaro está relacionada à política ambiental. O aumento das queimadas em áreas florestais, declarações de autoridades negando o aquecimento global e outras atitudes de membros do governo ampliaram ainda mais as críticas às políticas ambientais dessa gestão.

A pandemia de covid-19

No fim de 2019, surgiram em uma região da China os primeiros casos de uma doença desconhecida até então pelos cientistas. Com o tempo, descobriu-se que ela era causada por um vírus que, inicialmente, infectava apenas animais, mas que passou a contaminar humanos.

Kevin Frayer/Getty Images

Chineses usam máscaras protetoras na pandemia causada pelo coronavírus. China, 2020.

Esse vírus tem, em seu exterior, uma camada que se liga a células do corpo do hospedeiro. Vista no microscópio, tal camada apresenta um formato de coroa (*corona*, em latim), razão para que esse tipo de vírus receba o nome de **coronavírus**.

Aos poucos, o número de infectados por esse tipo de coronavírus foi aumentando naquela área. No começo de 2020, já haviam sido relatados os primeiros casos de infecção dessa nova doença, chamada de covid-19, em outros lugares do mundo.

Francesca Volpi/Blooomberg/Getty Images

Caminhões, operados pelas Forças Armadas italianas, transportam vítimas de coronavírus. Itália, 2020.

Rapidamente, a doença passou a se espalhar pelo planeta. Alguns países sofreram grandes perdas de vidas, como a China, a Itália, a Espanha, os Estados Unidos e também o Brasil.

Os mais afetados foram idosos e pessoas com alguns tipos de doenças, que eram agravadas pela infecção. As crianças e os jovens foram menos afetados.

GLOSSÁRIO

Coronavírus: nome da família do vírus. A doença se chama covid-19 e tem como vírus causador o Sars-Cov-2.

A economia mundial sofreu forte impacto. Há estudos que chegaram a estimar que mais da metade da população mundial precisou ficar isolada em suas moradias, como medida para evitar o contágio entre as pessoas. Essa medida de contenção do vírus foi chamada de **isolamento social**.

Mas as medidas tomadas pelos governos para tentar reduzir os níveis de contaminação foram também criticadas por muitas pessoas. Houve muitos questionamentos sobre a eficácia desse isolamento, considerando os impactos causados às economias dos países.

A quarentena

A duração do isolamento social variou entre os países. Em geral, ela foi superior a dois meses na maior parte dos que foram duramente afetados pela doença.

Bilhões de pessoas no mundo todo aderiram a esse isolamento. Elas permaneceram durante semanas, ou mesmo meses, em suas ca-

Profissionais da saúde fazem apelo à população para que fique em casa. São Paulo, 2020.

sas, saindo apenas para repor seus estoques de alimentos, comprar remédios ou fazer outras atividades que fossem essenciais em suas vidas.

Eventos artísticos e esportivos, aglomerações públicas e em espaços particulares, grandes encontros, tudo que reunisse uma quantidade grande de pessoas foi desencorajado ou mesmo proibido pelas autoridades.

Nessa condição, as pessoas precisaram adotar novos hábitos durante a quarentena. Muitas começaram a se exercitar em casa, outras descobriram novos passatempos, outras ainda retomaram antigos hábitos e costumes, sempre em busca do conforto mental e físico necessário para superar uma situação tão complicada.

Uma mulher em quarentena canta na sacada de sua casa. Espanha, 2020.

ATIVIDADES

1 Que aspecto da realidade brasileira atual influenciou as eleições de 2018?

☐ O acirramento da tensão política no Brasil.

☐ As declarações polêmicas de membros do governo anterior.

☐ A falta de políticas ambientais que defendessem o meio ambiente.

2 Cite uma situação polêmica que marcou o início do Governo Bolsonaro.

_____

_____

3 Você acha que as economias dos países foram afetadas pelo isolamento social? Por quê?

_____

_____

_____

4 As pessoas que convivem com você adotaram o isolamento social? Por quê?

_____

_____

5 O que uma pessoa que precisou sair de casa para trabalhar durante o período de isolamento social poderia fazer para evitar ser contaminada pelo coronavírus? Pesquise.

_____

_____

_____

_____

6 Quanto tempo durou o isolamento social em sua cidade?

_____

_____

1 As imagens a seguir são fontes históricas? Justifique e responda no caderno.

Arquivo Nacional Torre do Tombo, Lisboa

Carta de Pero Vaz de Caminha ao rei de Portugal, 1500.

Fabio Colombini

Boneca feita por indígenas do povo karajá, 2009.

2 Observe a imagem e assinale a frase que melhor explica a cena retratada.

Charge criada por Angelo Agostini, publicada na *Revista Illustrada*, 1887.

☐ Dom Pedro II demonstra cansaço em governar e cochila após leitura sobre a situação política do país.

☐ O país passa por uma situação política que tranquiliza Dom Pedro II e, por isso, ele pode descansar.

☐ Dom Pedro II é retratado cansado e distanciado do mundo político, aparentando poucas condições para a tomada de decisões.

☐ Os jornais da época eram muito ruins e, por isso, Dom Pedro II sentia muito sono ao ler.

3 Complete o quadro sobre a Era Vargas usando as frases abaixo.

- Salário mínimo e direito a férias foram estabelecidos.
- Anúncio de nova Constituição após divulgação de ameaça.
- Eleição presidencial pelos participantes da Assembleia Constituinte.
- Expansão das indústrias no Brasil.
- Estabelecimento do ensino primário gratuito.

Era Vargas		
Governo Provisório	**Governo Constitucional**	**Estado Novo**
Formação de uma Assembleia Constituinte.		Incentivo ao patriotismo.
	Getúlio Vargas foi eleito presidente.	Ditadura.
Conquista do direito ao voto secreto e ao voto feminino.		Fiscalização das informações passadas à população.
	Divulgação do Plano Cohen.	

4 Relacione o nome dos presidentes a seus respectivos governos.

a) Gaspar Dutra

b) Getúlio Vargas

c) Juscelino Kubitschek

d) Jânio Quadros

e) João Goulart

☐ Pouco tempo de governo, pois o presidente renunciou ao cargo.

☐ Realização de grande campanha pela exploração do petróleo.

☐ Criação do Plano de Metas, cujo lema era "50 anos em 5".

☐ Aproximação com o governo dos Estados Unidos e realização de grandes obras.

☐ Pouco tempo de governo, pois o presidente foi afastado do cargo.

5 Relacione as fotografias abaixo às frases sobre o Brasil no Período Militar.

Manifestantes exibem faixa com frase extraída da letra da canção *Apesar de você*, de Chico Buarque. São Paulo, 1984.

Atores em cena da peça teatral do grupo Dzi Croquettes, 1973.

Médici exibe a taça Jules Rimet, conquistada pela Seleção Brasileira de Futebol na Copa do Mundo de 1970.

☐ Os governos aproveitaram as conquistas esportivas para fortalecer a imagem de que o país passava por um período de crescimento.

☐ Diferentes artistas procuraram manifestar sua insatisfação com o governo por meio de músicas, textos e imagens.

☐ Qualquer manifestação artística corria o risco de ser vetada durante a Ditadura Militar. Artistas com vestimentas julgadas inadequadas frequentemente eram censurados na televisão, que focalizava apenas os rostos e escondia os figurinos.

6 Durante a Ditadura Militar, muitas pessoas viviam insatisfeitas com o regime. Ainda assim, a TV e os jornais divulgavam somente notícias favoráveis ao governo. Por que isso acontecia?

_____

_____

7 Observe a fotografia e responda às perguntas.

Movimento Diretas Já na cidade de São Paulo, 1984.

a) Que evento a imagem retrata?

_____

b) O pedido dessas pessoas foi atendido pelos governantes da época? Por quê?

_____

_____

8 Complete as frases a seguir sobre os últimos anos do Período Militar no Brasil.

a) Após a campanha pelo voto _____, as eleições de 1985 ocorreram de maneira _____, pois somente um grupo de políticos teve direito a voto.

b) O primeiro _____ civil eleito após o fim da Ditadura Militar foi Tancredo Neves.

9 Escreva **V** nas afirmativas verdadeiras e **F** nas falsas.

☐ A campanha pelas eleições diretas foi resultado da vontade dos militares de deixar o poder no Brasil.

☐ O Plano Real foi criado durante o governo de Itamar Franco.

☐ O Plano Collor obteve sucesso ao conseguir conter a inflação.

☐ No governo Lula, um dos principais aspectos da política social foi o desenvolvimento de programas como o Fome Zero e o Bolsa Família.

☐ Dilma Rousseff foi eleita após receber grande apoio de Lula.

10 Numere os acontecimentos a seguir na ordem em que ocorreram.

☐ O Plano Real foi implantado durante o governo de Itamar Franco, com a participação intensa de Fernando Henrique Cardoso.

☐ Tancredo Neves faleceu antes de assumir o governo, e quem ficou em seu lugar foi José Sarney, que se tornou o primeiro presidente civil depois do Regime Militar.

☐ Durante o governo de Fernando Henrique Cardoso foi instituída a lei que permitia a reeleição.

☐ A nova Constituição entrou em vigor em 1988 e devolveu aos cidadãos o direito de votar para presidente.

☐ Michel Temer assumiu a presidência após o *impeachment* de Dilma Rousseff.

☐ O governo Lula foi marcado pelo desenvolvimento de programas sociais mas também passou por denúncias de corrupção.

☐ Collor, o primeiro presidente eleito por voto direto depois da ditadura, renunciou ao cargo após denúncias de corrupção.

☐ A primeira mulher eleita para o cargo de Presidente da República do Brasil foi Dilma Rousseff, com o apoio de Lula.

11 Após o fim do Regime Militar, o Brasil teve cinco presidentes eleitos, mas apenas três deles concluíram o mandato. Sobre esse assunto, responda às perguntas.

a) Quais foram os presidentes que conseguiram concluir o mandato?

_____

b) Que presidentes não concluíram o mandato?

_____

12 Observe a imagem e explique como ela se relaciona com o conceito "liberdade de expressão".

_____

_____

_____

_____

_____

_____

Rawpixel.com/Shutterstock.com

Dia Internacional da Mulher – 8 de março

Hoje em dia pode parecer claro que homens e mulheres têm direitos iguais e exercem as mesmas atividades; porém, durante muito tempo, as mulheres foram proibidas de fazer determinadas atividades, como trabalhar fora de casa, votar em eleições e se candidatar a cargos públicos.

No Brasil, a luta das mulheres por direitos ganhou destaque após 1889, quando surgiram grupos que defendiam o direito ao voto feminino, o direito à licença-maternidade e a proibição de demissão em caso de gravidez, dentre outras reivindicações.

Por essas e outras lutas, em 1975, a Organização das Nações Unidas (ONU) finalmente reconheceu a data de 8 de março como Dia Internacional da Mulher. Esse reconhecimento foi importante para dar mais visibilidade à luta das mulheres por melhores condições de vida e trabalho.

Operárias protestando por igualdade de direitos na Espanha, 1936.

A atriz Lúcia Veríssimo exercendo seu direito ao voto. Rio de Janeiro, Rio de Janeiro.

 **ATIVIDADES**

1 Atualmente, as conquistas femininas são visíveis em nossa sociedade. Em sua opinião, o Dia Internacional da Mulher ainda é importante? Por quê?

_____

_____

Dia do Trabalho – 1 de maio

O Dia do Trabalho é comemorado em 1 de maio. Essa data foi escolhida três anos após uma grande greve ocorrida na cidade de Chicago (Estados Unidos), iniciada em 1 maio de 1886. Nesse dia, milhares de trabalhadores manifestaram-se a favor da redução da jornada de trabalho, que era de 13 horas ou mais, para 8 horas diárias.

No Brasil, as reivindicações por melhores condições de trabalho passaram a ocorrer à medida que o movimento operário foi se organizando, em um processo marcado pela união entre trabalhadores brasileiros e imigrantes que chegaram entre o fim do século XIX e início do século XX.

Desfile dos operários da Fábrica Bangu no Dia do Trabalho em 1942. Rio de Janeiro, Rio de Janeiro.

A evolução do movimento operário possibilitou que a luta por direitos trabalhistas ganhasse bastante destaque na sociedade. Nesse cenário, a greve geral de 1917 teve grande repercussão e influenciou o estabelecimento do dia 1 de maio como feriado nacional, a partir de 1924.

Ao longo do século XX, essa data ficou mundialmente conhecida como um dia de valorização das conquistas dos trabalhadores e da luta por melhores condições de trabalho.

Nas primeiras décadas do século XX, o 1º de maio foi marcado por manifestações de trabalhadores. No entanto, a propaganda trabalhista da administração Vargas passou a utilizar a data para enaltecer os benefícios garantidos pelo governo, com a realização de desfiles e grandes comemorações.

ATIVIDADES

1 Por que o Dia do Trabalho é comemorado em 1 de maio?

_____

_____

_____

_____

Proclamação da República – 15 de novembro

O Brasil vivenciou diferentes períodos em sua história, desde a época em que somente os indígenas habitavam estas terras, passando pelo período de colonização portuguesa, até finalmente chegar à independência.

Com a independência, o Brasil tornou-se uma monarquia, passando a ser governado por um imperador. Contudo, muitas pessoas estavam infelizes com o governo imperial, até que, no dia 15 de novembro de 1889, ocorreu a Proclamação da República, após uma ação de militares.

ATIVIDADES

1 Observe a imagem abaixo e leia a legenda com atenção.

Biblioteca Nacional, Rio de Janeiro

Charge em comemoração à Proclamação da República no Brasil, publicada na *Revista Illustrada*, em 1889.

a) O que representa a pessoa de maior destaque na imagem?

_____

b) Qual é a postura do homem próximo à mulher? O que ele está segurando?

_____

c) Qual é a postura do homem ao fundo? Quem você imagina que ele seja?

_____

_____

_____

Dia da Bandeira – 19 de novembro

A bandeira do Brasil é o símbolo mais conhecido em nosso país. Você sabia que o Brasil já teve diferentes bandeiras, desde a época da colonização até os dias atuais? As mudanças nas bandeiras ocorreram ao mesmo tempo em que o Brasil passava por mudanças políticas.

A atual bandeira brasileira foi oficializada no dia 19 de novembro de 1889, quatro dias após a Proclamação da República. É por isso que o Dia da Bandeira é comemorado nessa data. A posição das estrelas na esfera azul, ao centro, faz referência ao céu do Rio de Janeiro, então capital do país na data da proclamação.

BRINCANDO

1 Conhecer as bandeiras é uma forma de estudar a História do Brasil. Recorte as bandeiras da página seguinte e cole-as nos espaços indicados, de acordo com as legendas.

Em 1817 ocorreu um movimento conhecido como Revolução Pernambucana, e a bandeira usada na ocasião foi adotada pelo estado de Pernambuco.

Em 1822, o imperador Dom Pedro solicitou a criação da Bandeira Nacional. As cores principais deveriam ser o verde e o amarelo, e 19 estrelas deveriam ser incluídas para representar as províncias.

A Farroupilha (1835-1845) foi o conflito entre criadores de gado do Sul e o governo imperial. A bandeira dos revoltosos serviu de modelo para a bandeira do Rio Grande do Sul.

A bandeira da Paraíba foi elaborada em 1930, em homenagem ao governador João Pessoa. A palavra "nego" faz referência à não aceitação da candidatura do paulista Júlio Prestes à presidência.

Encarte para atividade da página 126.

Ilustrações: DAE

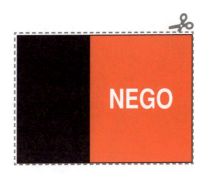

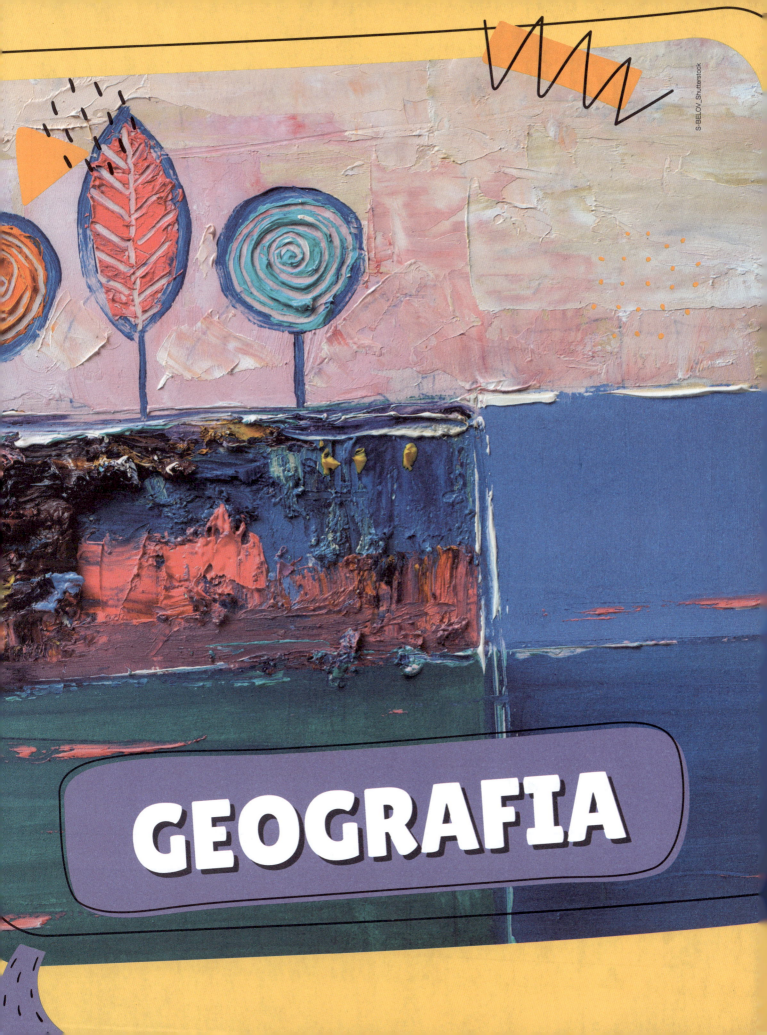

GEOGRAFIA

S-BELOV_Shutterstock

SUMÁRIO

VAMOS BRINCAR

1 Ligue cada atividade econômica à imagem correspondente.

a) agricultura

Andre Dib/Pulsar Imagens

b) extrativismo

George Rudy/Shutterstock.com

c) pecuária

Thomaz Vita Neto/Pulsar Imagens

d) comércio

Adriano Kirihara/Pulsar Imagens

2 Ligue os pontos para completar o gráfico que mostra a divisão da população brasileira entre urbana e rural.

Agora, considere as informações da legenda a seguir para pintar os quadradinhos e o gráfico adequadamente.

□ População urbana: 160 milhões de habitantes.

□ População rural: 30 milhões de habitantes.

Paula Haydee Radi

3 Decifre as charadas e complete a cruzadinha com a identificação dos profissionais a que elas se referem.

Ricardo Ventura

1. Ninguém entende tão bem a terra quanto eu. Adubo, aro e semeio. Planto e colho verduras, legumes e frutas que chegam até sua mesa. Quem sou eu?

2. Rodo as estradas de todo o Brasil. Transporto alimentos e todo tipo de mercadoria de uma cidade para outra, de um estado para outro e, até mesmo, de uma região para outra. Quem sou eu?

3. De um apito a outro, opero máquinas e transformo a matéria-prima extraída da natureza em vários objetos utilizados por você. Quem sou eu?

4. Antes de chegar a você, as mercadorias passam pelas minhas mãos. Posso trabalhar em vários lugares, de *shoppings* e lojas de rua até pequenos mercados e armazéns, e dizem que falo muito bem. Quem sou eu?

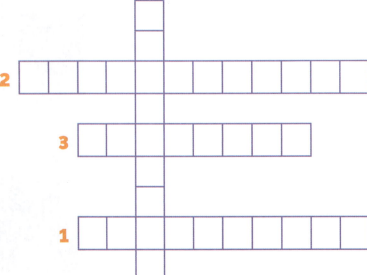

O PLANETA TERRA

Localizando nosso planeta

Observe atentamente a imagem.

É o planeta Terra, onde nós vivemos. Assim, de longe, não é possível identificar o que vemos em nosso dia a dia, como carros, ruas, praças, prédios, casas, pessoas e tantos outros objetos.

Nosso planeta não está sozinho no **Universo**. Ele faz parte de um conjunto de planetas que gira ao redor de uma estrela: o Sol. Esse conjunto é chamado de Sistema Solar, que, por sua vez, está localizado em uma **galáxia**, a Via Láctea.

Além da Terra, mais sete planetas giram em **órbita** ao redor do Sol: Mercúrio, Vênus, Marte, Júpiter, Saturno, Urano e Netuno.

NASA Earth Observatory/Joshua Stevens

Planeta Terra visto do espaço.

GLOSSÁRIO

Galáxia: conjunto de gases, poeira e astros, como planetas e estrelas.

Órbita: trajetória de um corpo celeste ao redor de outro.

Universo: conjunto de todos os elementos do espaço, como galáxias e corpos celestes (planetas, estrelas etc.).

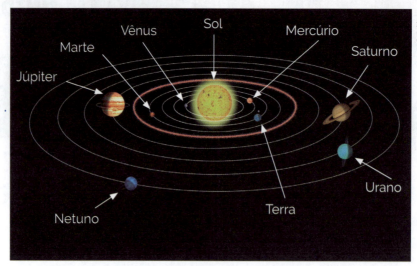

Representação do Sistema Solar.

Movimentos da Terra

Como os demais planetas do Sistema Solar, a Terra realiza dois principais movimentos no espaço: **rotação** e **translação**.

Rotação

Rotação é o movimento giratório da Terra em torno do próprio **eixo** – o qual, como podemos observar na ilustração, é inclinado em relação à sua órbita.

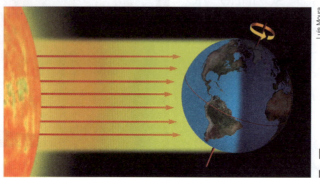

Movimento de rotação da Terra.

O giro que a Terra faz ao redor de si mesma dura quase 24 horas. Com base nesse movimento foram definidas as unidades de medida de tempo cronológico: os segundos, os minutos e as horas.

Esse movimento é responsável também pela ocorrência do dia e da noite. Por cerca de 12 horas, um dos lados da Terra é iluminado pelo Sol, o que determina o período que chamamos de **dia**. Nas outras 12 horas, aproximadamente, essa parte do planeta passa à penumbra, o que determina o período que chamamos de **noite**.

GLOSSÁRIO

Eixo: linha imaginária que passa no centro de um objeto.

Translação

Translação é a volta que a Terra faz em torno do Sol. A duração desse movimento é precisamente de 365 dias, 5 horas, 48 minutos e 46 segundos. Esse período é conhecido como **ano**.

Mas, por convenção, decidiu-se que o calendário anual regular tem 365 dias. As 5 horas, 48 minutos e 46 segundos que sobram são acrescentadas a cada quatro anos. Portanto, de quatro em quatro anos há um dia a mais no ano, incluído no mês de fevereiro, o **dia 29**. Assim, aquela sobra de horas, minutos e segundos é compensada no calendário. A este ano de 366 dias deu-se o nome de **bissexto**.

O movimento de translação e a inclinação do eixo da Terra fazem com que nosso planeta seja iluminado e aquecido de maneira desigual nas diversas regiões ao longo do ano. Por isso existem quatro estações: primavera, verão, outono e inverno.

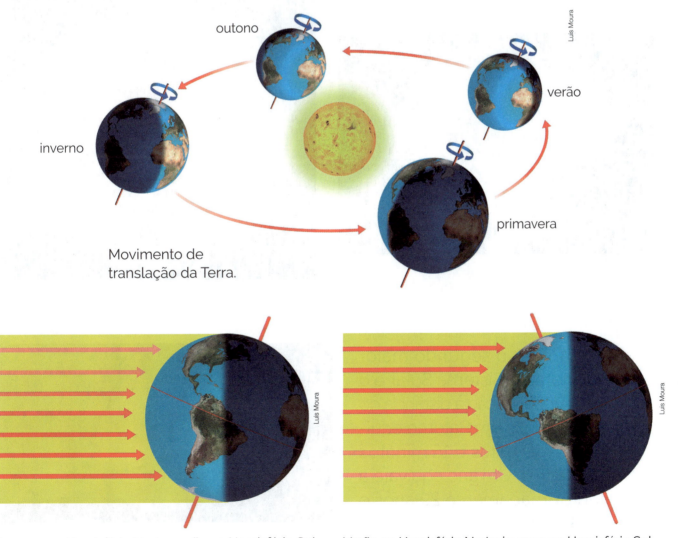

Movimento de translação da Terra.

Inverno no Hemisfério Norte; verão no Hemisfério Sul.　　Verão no Hemisfério Norte; inverno no Hemisfério Sul.

135

Calendário planetário

Você já sabe que o dia no planeta Terra tem aproximadamente 24 horas, e o ano regular, 365 dias.

Mas cada planeta do Sistema Solar tem um dia e um ano próprios. Isso ocorre porque seu peso e tamanho são distintos. Além disso, eles se movimentam em velocidades e a distâncias diferentes em relação ao Sol. Veja os exemplos.

- Mercúrio é o menor planeta do nosso Sistema Solar e o mais próximo do Sol. Um dia em Mercúrio equivale a aproximadamente 58 dias terrestres. Um ano equivale a aproximadamente 87 dias terrestres.

- Um dia em Marte dura 24 horas e 37 minutos, duração bastante parecida com a do dia terrestre. Um ano lá equivale a aproximadamente 686 dias terrestres.

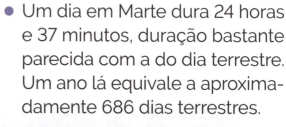

Planeta Mercúrio.

Planeta Marte.

- Saturno é o segundo maior planeta do Sistema Solar e o sexto em relação à distância do Sol. Um dia em Saturno equivale a 10 horas e 15 minutos terrestres. Um ano equivale a aproximadamente 29 anos e 146 dias terrestres.

Planeta Saturno.

BRINCANDO DE GEÓGRAFO

1 Qual é mesmo o movimento da Terra que explica a existência do dia e da noite? Que tal um experimento para mostrar como é esse movimento? É muito simples! Você vai precisar de um globo terrestre, uma lanterna, papel, lápis coloridos e fita adesiva.

1. Escolha alguns países e reproduza suas bandeiras em pequenos pedaços de papel.

2. No globo, fixe as bandeiras nos territórios dos países escolhidos.

3. Em um ambiente pouco iluminado, peça a um amigo que se posicione a uma pequena distância do globo e aponte a lanterna em direção a ele.

4. Posicione-se também próximo ao globo e gire-o vagarosamente no sentido anti-horário. Observe o que acontece.

Estúdio Ornitorrinco

Considerando que o globo representa o planeta Terra, e a luz da lanterna os raios solares, você acabou de reproduzir o movimento de rotação, que é o motivo de haver dia e noite no planeta. Localize as bandeiras, compare a posição dos países escolhidos e perceba que, enquanto em alguns países é dia (iluminados pelos raios solares, representados pela luz da lanterna), em outros é noite (os que estão à sombra)!

2 Enquanto é dia no Brasil, onde é noite?

_____

ATIVIDADES

1 Encontre no diagrama abaixo o nome dos oito planetas do Sistema Solar.

Z	J	K	M	N	O	I	J	H	G	F	Y	Y	T	V
S	N	Ç	T	E	E	R	M	E	R	C	Ú	R	I	O
A	H	Y	U	I	O	T	L	M	P	C	D	E	W	A
T	R	U	R	A	N	O	A	A	N	O	V	I	C	A
U	P	Ç	O	R	T	Z	N	A	E	C	Ç	Q	M	L
R	J	Ú	P	I	T	E	R	D	T	G	H	J	A	L
N	E	A	R	N	E	S	A	A	U	D	R	E	R	I
O	Z	S	E	R	V	R	Z	O	N	L	O	C	T	E
J	U	Z	E	I	V	A	Õ	S	O	F	D	R	E	I
W	R	T	E	R	R	A	I	M	I	N	U	O	Y	R
S	Ú	T	R	E	Q	I	S	C	V	Ê	N	U	S	E

2 Ligue os movimentos de rotação e de translação do nosso planeta à respectiva definição.

a) rotação

> Volta completa que a Terra faz em torno do Sol; dura aproximadamente 365 dias e 6 horas.

b) translação

> Volta completa que o planeta faz em torno do próprio eixo; dura aproximadamente 24 horas.

138

Localizando o Brasil na Terra

Para representar a Terra, utilizamos globos terrestres e **planisférios**.

O globo terrestre é a representação mais fiel do planeta, visto que, como a Terra, ele também tem forma arredondada. Nele, a superfície terrestre pode ser vista com menos distorções que no planisfério, o qual, como o próprio nome diz, é plano. Mas há usos adequados para cada uma dessas representações.

Tanto no globo terrestre como no planisfério são desenhadas linhas imaginárias que circundam a Terra: são os paralelos e os meridianos. Eles foram criados para facilitar a localização na superfície terrestre.

Os paralelos cortam o planeta no sentido leste-oeste, ou seja, na horizontal, para quem observa o globo ou o planisfério. A **Linha do Equador** é o paralelo que divide a Terra em duas metades, chamadas de hemisférios. Eles são: Hemisfério Sul e Hemisfério Norte.

Globo terrestre com destaque para o continente americano.

Hemisfério Norte ou Setentrional

Equador

Hemisfério Sul ou Meridional

GLOSSÁRIO

Planisfério: representação de uma esfera ou globo em uma superfície plana, como uma folha de papel.

Os meridianos são as linhas imaginárias que cruzam o planeta de norte a sul, ou seja, na vertical, para quem observa o globo ou o planisfério. **Meridiano de Greenwich** é o nome da linha imaginária que divide a Terra nos hemisférios Leste e Oeste.

Observe o nome dos principais meridianos e paralelos no planisfério a seguir.

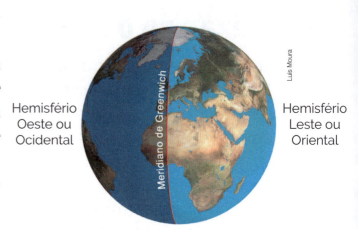

Hemisfério Oeste ou Ocidental

Hemisfério Leste ou Oriental

Mapa-múndi: meridianos e paralelos

Fonte: IBGE. *Atlas geográfico escolar.* 8. ed. Rio de Janeiro: IBGE, 2018. p. 32-33.

ATIVIDADES

1 Observe o planisfério acima e complete corretamente as frases.

a) A Linha do Equador divide a Terra nos hemisférios _____

_____

b) O Meridiano de Greenwich divide a Terra nos hemisférios _____

_____

BRINCANDO DE GEÓGRAFO

1 Com o auxílio de um atlas, faça o que se pede no mapa a seguir.

Mapa-múndi: político

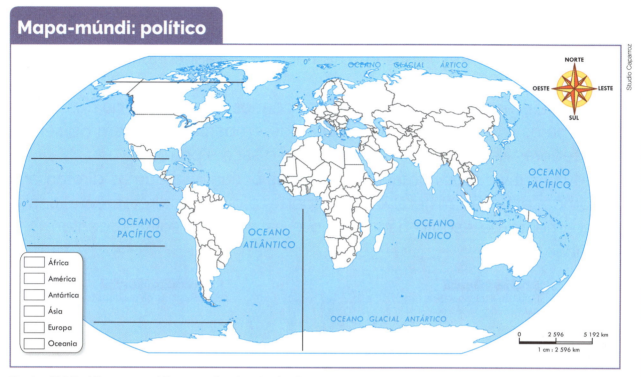

Fonte: IBGE. *Atlas geográfico escolar*. 8. ed. Rio de Janeiro: IBGE, 2018. p. 34.

a) Pinte os continentes e, com a mesma cor, os respectivos quadradinhos da legenda.

b) Trace uma linha marrom para demarcar o Meridiano de Greenwich.

c) Trace uma linha vermelha para demarcar a Linha do Equador.

d) Trace uma linha cinza para indicar o Trópico de Capricórnio e uma linha preta para representar o Trópico de Câncer.

e) Trace uma linha roxa para indicar o Círculo Polar Ártico e uma linha rosa para representar o Círculo Polar Antártico.

2 Assinale com um **X** o hemisfério em que o território do Brasil está predominantemente situado.

☐ Hemisfério Norte

☐ Hemisfério Sul

Poluição oceânica

Os recursos que temos disponíveis são finitos, e isso vale também para os oceanos, apesar de sua vastidão. Ainda que as águas salgadas sejam impróprias para o consumo humano e para agricultura, elas são fundamentais em nosso dia a dia.

Diversas espécies que habitam os oceanos fazem parte da nossa dieta. Os mares são caminhos de milhares de embarcações, além de serem fornecedores de recursos minerais, como o sal e o petróleo.

Muitas atividades humanas poluem os oceanos, algumas diretamente, como a extração mineral e o transporte, e outras indiretamente, como o lançamento de esgoto não tratado e os resíduos sólidos, conforme a ilustração abaixo.

Responda as questões a seguir em seu caderno.

1 Identifique e liste as formas de poluição que aparecem na imagem. Qual delas mais chamou sua atenção?

2 Elas ocorrem na sua cidade ou região?

3 Como você acha que é possível reduzir esses impactos?

O BRASIL NO CONTINENTE

O continente americano

O Brasil está localizado no continente americano. Por que o continente tem essa denominação?

A América recebeu esse nome em homenagem a Américo Vespúcio, navegador italiano que participou das primeiras viagens ao continente, até então desconhecido pelos europeus.

América do Norte, América Central e América do Sul formam o continente americano.

The Granger Collection/Fotoarena

Fonte: Gisele Girardi e Jussara Vaz Rosa. *Atlas geográfico do estudante*. São Paulo: FTD, 2011. p. 85.

América: político

Stúdio Caparroz

- AMÉRICA DO NORTE
- AMÉRICA CENTRAL
- AMÉRICA DO SUL

OCEANO ATLÂNTICO

OCEANO PACÍFICO

Círculo Polar Ártico

Trópico de Câncer

Equador

Trópico de Capricórnio

NORTE / SUL / LESTE / OESTE

0   1146   2 292 km
1 cm : 1 146 km

■ América do Norte
■ América Central
■ América do Sul

ATIVIDADES

1 Observe o mapa da América e pinte-o de acordo com a legenda.

América: político

OCEANO ATLÂNTICO

Trópico de Câncer

Equador

OCEANO PACÍFICO

Trópico de Capricórnio

80° O

Círculo Polar Ártico

0°

NORTE

OESTE · LESTE

SUL

0   1 041   2 082 km

1 cm : 1 041 km

🟧 América do Norte
🟥 América Central
🟩 América do Sul

Studio Caparroz

Fonte: Gisele Girardi e Jussara Vaz Rosa. *Atlas geográfico do estudante.* São Paulo: FTD, 2011. p. 85.

2 Com o auxílio de um atlas, em seu caderno, escreva as informações solicitadas a seguir:

a) nome de dois países da América do Sul;

b) nome de dois países da América do Norte;

c) nome de dois países da América Central.

América do Sul

O mapa ao lado representa o território da América do Sul e os países que a compõem. Observe as linhas que demarcam as áreas dos países: são os **limites**.

Chamamos de **fronteira** as áreas próximas aos limites territoriais. É comum que países culturalmente diferentes apresentem elementos culturais misturados em regiões de fronteira, pois os povos dos diferentes países entram em contato e trocam elementos culturais entre si.

América do Sul: político

Fonte: IBGE. *Atlas geográfico escolar.* 8. ed. Rio de Janeiro: IBGE, 2018. p. 41.

BRINCANDO DE GEÓGRAFO

1. Leia as pistas e descubra quais são as cidades de origem e de destino do viajante.

- Meu voo decolará de um país que se localiza no Hemisfério Norte.
- O país de origem faz fronteira com três países. Desses três, dois possuem terras nos Hemisférios Norte e Sul.
- Precisarei atravessar a Linha do Equador e o Trópico de Capricórnio para chegar ao meu destino, a capital de um país.
- Aterrissarei em um país que faz fronteira com outros três. Nenhum deles é o maior país da América do Sul.

E então? Quais as cidades de origem e o destino do viajante?

1 Qual país da América do Sul você gostaria de conhecer?

Para ajudá-lo a tomar essa decisão, que tal buscar informações sobre os países sul-americanos e elaborar um guia de viagem? Escolha um país da América do Sul, que não seja o Brasil, e faça uma pesquisa sobre ele. Obtenha as seguintes informações:

- países que fazem fronteira com ele;

- desenho ou imagem da bandeira dele;

- capital do país;

- imagens ou desenhos de locais turísticos (faça legendas identificando os locais selecionados);

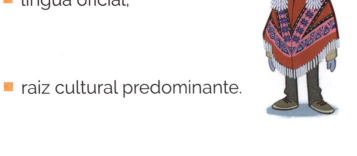

- língua oficial;

- raiz cultural predominante.

a) Após encontrar as informações, desenhe um mapa, em uma folha à parte, e destaque a localização do país pesquisado na América do Sul.

b) Organize as informações na forma de um guia. Monte uma capa e insira imagens para ilustrar o trabalho. Troque seu guia com o dos colegas e conheça melhor outros países do continente.

Brasil, um país de grandes dimensões

O Brasil tem, aproximadamente, 8 515 759 quilômetros quadrados de extensão territorial.

É o quinto maior país do mundo em área, ficando atrás somente de Rússia, Canadá, Estados Unidos e China. Observe o mapa a seguir.

Mundo: países com maior extensão territorial – 2018

Fonte: IBGE. *Atlas geográfico escolar.* 8. ed. Rio de Janeiro: IBGE, 2018. p. 34.

Divisão política do Brasil

Vimos que o Brasil tem uma grande extensão territorial. Para facilitar sua administração, o território nacional é dividido em unidades administrativas. Mas essa divisão não é fixa; ela muda com o passar do tempo.

No século XVI, com a colonização portuguesa, o Brasil foi dividido em **capitanias hereditárias**. Já no Período Imperial (1822-1889), as capitanias deram lugar às **províncias**, em uma nova divisão política e territorial. Com o advento da República, as províncias passaram a ser chamadas de **estados**.

Atualmente, de acordo com a Constituição da República Federativa do Brasil de 1988, o país tem 26 estados e o Distrito Federal, onde se situa a cidade de Brasília, a capital nacional.

Juntos, estados e Distrito Federal são chamados de **unidades federativas** do Brasil. Além disso, cada unidade federativa possui uma "capital estadual", ou seja, um município que concentra as funções administrativas de todo o estado.

As últimas alterações no território brasileiro ocorreram em 1988. Antes delas, o Brasil tinha territórios federais que hoje são estados (Amapá, Rondônia e Roraima) e o território de Fernando de Noronha, arquipélago que passou a pertencer a Pernambuco. Também foi criado o estado do Tocantins, resultado da divisão do território do estado de Goiás.

Observe no mapa a seguir como era o Brasil antes das alterações de 1988.

Fonte: Gisele Girardi e Jussara Vaz Rosa. *Atlas geográfico do estudante*. São Paulo: FTD, 2011. p. 21.

A seguir, veja como ficou a configuração do Brasil após a última alteração. Observe atentamente onde ocorreram as mudanças.

Brasil: político – atual

Fonte: IBGE. *Atlas geográfico escolar.* 8. ed. Rio de Janeiro: IBGE, 2018. p. 94.

Para indicar os estados brasileiros e o Distrito Federal, usamos siglas, ou seja, letras maiúsculas que abreviam esses nomes. Veja no quadro abaixo.

Unidade federativa e sua sigla	Capital	Unidade federativa e sua sigla	Capital
Acre (AC)	Rio Branco	Paraíba (PB)	João Pessoa
Alagoas (AL)	Maceió	Paraná (PR)	Curitiba
Amapá (AP)	Macapá	Pernambuco (PE)	Recife
Amazonas (AM)	Manaus	Piauí (PI)	Teresina
Bahia (BA)	Salvador	Rio de Janeiro (RJ)	Rio de Janeiro
Ceará (CE)	Fortaleza	Rio Grande do Norte (RN)	Natal
Distrito Federal (DF)	Brasília	Rio Grande do Sul (RS)	Porto Alegre
Espírito Santo (ES)	Vitória	Rondônia (RO)	Porto Velho
Goiás (GO)	Goiânia	Roraima (RR)	Boa Vista
Maranhão (MA)	São Luís	Santa Catarina (SC)	Florianópolis
Mato Grosso (MT)	Cuiabá	São Paulo (SP)	São Paulo
Mato Grosso do Sul (MS)	Campo Grande	Sergipe (SE)	Aracaju
Minas Gerais (MG)	Belo Horizonte	Tocantins (TO)	Palmas
Pará (PA)	Belém		

O Brasil e seus pontos extremos

Pontos extremos são os lugares mais distantes entre si de um espaço delimitado, como um país, uma cidade ou uma região.

No Brasil, os pontos extremos são:

- **norte** – a nascente do Rio Ailã, na Serra do Caburaí, que fica entre o estado de Roraima e a Guiana;
- **sul** – o Arroio Chuí, entre o estado do Rio Grande do Sul e o Uruguai;
- **leste** – a Ponta do Seixas, na praia do Cabo Branco, estado da Paraíba;
- **oeste** – a nascente do Rio Moa, na Serra do Divisor, entre o estado do Acre e o Peru.

Brasil: pontos extremos

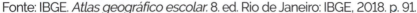

Fonte: IBGE. *Atlas geográfico escolar.* 8. ed. Rio de Janeiro: IBGE, 2018. p. 91.

ATIVIDADES

1 Assinale **V** para verdadeiro e **F** para falso.

☐ O Brasil é um dos menores países do mundo em extensão territorial.

☐ Atualmente, o Brasil está dividido em 26 estados e o Distrito Federal.

☐ A divisão territorial de um país não muda com o tempo.

☐ No Período Colonial, o Brasil foi dividido, inicialmente, em capitanias hereditárias e, posteriormente, em províncias.

2 Complete o mapa com o que se pede a seguir.

Fonte: IBGE. *Atlas geográfico escolar.* 8. ed. Rio de Janeiro: IBGE, 2018. p. 94.

a) Escreva a sigla de seu estado no território correspondente a ele e pinte-o de amarelo.

b) Escreva a sigla adequada no território de todos os estados que fazem fronteira com o seu e pinte-os de laranja.

c) Complete o mapa com as siglas dos demais estados e pinte-os de cor-de-rosa.

d) Ao lado do mapa, faça uma legenda indicando as modificações que você fez.

Os imigrantes no Brasil de hoje

Você estudou a relevância do Brasil no território sul-americano, especialmente por suas dimensões territoriais. Pelo fato de ele fazer fronteira com diversos países do continente, muitas pessoas de vários territórios vizinhos viajam para viver em nosso país.

Já sabemos que os imigrantes são pessoas que se deslocam de seu país de origem para outro a fim de trabalhar, estudar, acompanhar a família etc.

Se, no passado, os imigrantes que entravam no Brasil vinham em sua maior parte da Europa, atualmente a maioria vem de países do nosso continente, a América. Veja o gráfico abaixo.

Brasil: imigrantes por nacionalidade – 2016

(Número de imigrantes)

- Haiti: 106 074
- Bolívia: 44 274
- Venezuela: 41 007
- Colômbia: 33 840

(País)

Tarcísio Garbelini

Fonte: Clara Velasco e Flávia Mantovani. Em 10 anos, número de imigrantes aumenta 160% no Brasil, diz PF. *G1* , São Paulo, 25 jun. 2016. Disponível em: http://g1.globo.com/mundo/noticia/2016/06/em-10-anos-numero-de-imigrantes-aumenta-160-no-brasil-diz-pf.html. Acesso em: 20 ago. 2020.

1 Escolha um dos países americanos representados no gráfico, faça uma pesquisa sobre ele e responda: Quais são os principais motivos que levaram as pessoas a sair desse país nos últimos anos?

_____

_____

_____

POPULAÇÃO BRASILEIRA

A formação do povo brasileiro

Os vários povos indígenas – que, antes da chegada do colonizador europeu, viviam por todo o território onde hoje é o Brasil – foram os primeiros habitantes de nossa terra. A partir de 1500, vieram os portugueses, que, mais tarde, trouxeram à força os africanos para servirem de mão de obra escravizada.

Museu Nacional da Dinamarca, Copenhagen

Albert Eckhout. *Dança dos tapuias*. Óleo sobre tela, 172 cm × 295 cm.
Dança dos indígenas tarairius (tapuias) que habitaram parte do nordeste brasileiro, onde hoje estão localizados os estados do Rio Grande do Norte, Ceará, Paraíba e Pernambuco.

Esses três grupos – indígenas, portugueses e africanos – são parte da formação do povo brasileiro.

153

No início da colonização, os portugueses se apropriaram dos conhecimentos indígenas para se adaptar às novas terras. Já os indígenas resistiram às invasões portuguesas; porém, muitos morreram tentando defender seus territórios ou por doenças trazidas pelos europeus, como a gripe, já que não tinham imunidade. Assim, de uma forma ou de outra, a maior parte da população indígena foi exterminada, e suas terras, tomadas.

Mais tarde, os portugueses obrigaram pessoas da África a vir trabalhar na produção de açúcar, no cultivo de algodão e de fumo, na exploração de ouro e diamantes, nas fazendas de cacau e café e também em atividades domésticas nas vilas e povoados.

Zacharias Wagener. *Dança de negros escravos.* Aquarela publicada, c. 1630.

Kupferstichkabinett/Staatliche Kunstsammlungen, Dresden

Retirados de suas terras, cultura, família e meio social, e trazidos à força para o Brasil, os africanos tentavam resistir à escravidão por meio de revoltas, fugas e formação de quilombos. Muitos até preferiam tirar a própria vida a continuar como escravizado.

Os quilombos eram comunidades formadas por escravizados fugitivos. Em alguns lugares do Brasil, ainda é possível encontrar populações que se originaram de quilombos.

Por estarem no mesmo território durante muito tempo, diversas trocas ocorreram entre nativos, colonizadores e escravizados.

Os portugueses nos deixaram como herança algumas características culturais, como a língua (portuguesa) e a religião (católica).

A contribuição cultural dos africanos está presente na religião, na música, na capoeira, na culinária, nas roupas e em muitas palavras incorporadas à nossa língua.

Samba de roda. Santo Amaro, Bahia, 2020.

A esse conjunto de elementos trazidos ao Brasil pelos escravizados de origem africana e incorporados aos nossos costumes chamamos de **cultura afro- -brasileira**.

Da relação entre membros das etnias (europeu com africano, indígena com europeu, africano com indígena) formou-se o povo brasileiro. A essa mistura chamamos **miscigenação**.

No final do século XIX, o término da escravidão não garantiu a integração da população negra de forma igualitária na sociedade, com oferta de trabalho livre e assalariado. Para ocupar postos de trabalho na agricultura e, posteriormente, na indústria, foi estimulada a vinda de imigrantes italianos, espanhóis, alemães, árabes, japoneses, coreanos, chineses, poloneses, russos etc., enquanto a maior parte da população negra foi marginalizada.

Assim como antes, os atuais descendentes de indígenas e africanos escravizados lutam pela igualdade de direitos e por um país mais justo para todos.

1 Faça uma pesquisa em grupo para mostrar a contribuição das culturas africana e indígena para nossa sociedade. Pesquisem as etnias africanas **iorubá** e **banto**, e as etnias indígenas **guarani** e **yanomami**. Levantem informações sobre:

- palavras;
- comidas;
- música;
- roupas;
- hábitos;
- localização geográfica.

2 Após a pesquisa, elaborem um cartaz com as principais informações coletadas sobre a herança cultural que essas etnias nos deixaram. Apresentem o cartaz à turma e compartilhem o que vocês aprenderam.

ATIVIDADES

1 Escreva, com suas palavras, como se formou a população brasileira.

_____

_____

2 Sobre a miscigenação, responda:

a) O que você entendeu por miscigenação?

_____

_____

b) Em sua opinião, a miscigenação da população brasileira garantiu igualdade de oportunidades a todas as etnias? Responda abaixo e debata essa questão com os colegas.

_____

_____

3 Pesquise em dicionários a origem e o significado das palavras a seguir. Depois, registre o que encontrou no caderno.

a) Taturana.

b) Peteca.

c) Bamba.

d) Caçula.

4 Observe o quadro e responda às questões a seguir.

Museu Nacional de Belas Artes, Rio de Janeiro

Victor Meirelles. *A primeira missa no Brasil*, 1860. Óleo sobre tela, 268 cm × 356 cm.

a) Qual é o nome do artista que pintou o quadro e qual é o título dado à obra?

_____

b) Que etnias estão representadas no quadro?

_____

c) Que pessoas e objetos estão destacados no quadro?

_____

5 Você sabe qual é a origem de sua família? Pergunte a seus pais ou a seus familiares mais velhos sobre os avós e os bisavós deles. Será que esses parentes que nasceram antes de você vieram de outros países? Quais? Você tem ascendência indígena ou africana? Escreva as informações que descobriu sobre sua família no caderno e conte aos amigos.

BRINCANDO DE GEÓGRAFO

Vamos compreender para que servem os gráficos e as tabelas, como são feitos e como interpretá-los?

Existem vários tipos de gráficos. O **gráfico de barras** é usado para comparar quantidades diferentes de dados relacionados a determinado assunto. Nesse caso, a barra mais longa representa a maior quantidade, e a mais curta, a menor quantidade daquilo que se está querendo demonstrar. Observe o gráfico de barras a seguir.

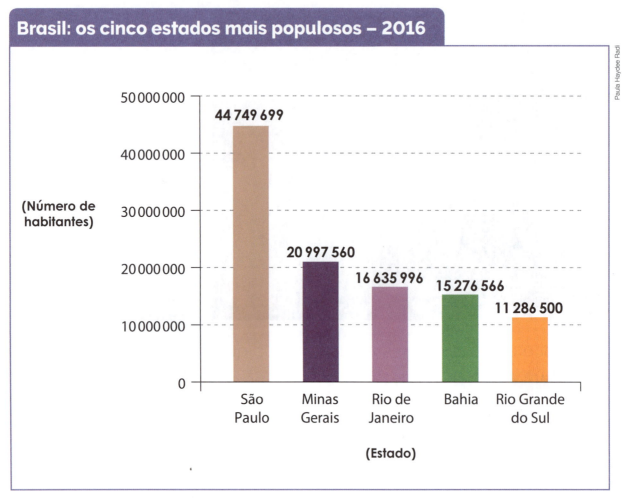

Brasil: os cinco estados mais populosos – 2016

Paula Haydee Radi

Fonte: IBGE. Disponível em: https://www.ibge.gov.br/cidades-e-estados. Acesso em: 5 ago. 2020.

O **gráfico de setor** agrupa dados diferentes dentro de um mesmo total. Nesse caso, representamos o todo por um círculo, que é dividido em partes parecidas com pedaços de *pizza*, como o gráfico a seguir.

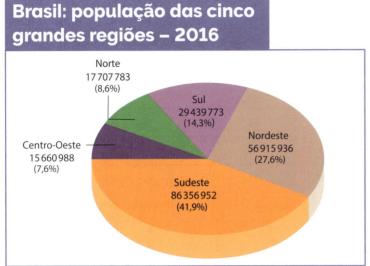

Brasil: população das cinco grandes regiões – 2016

Norte
17 707 783
(8,6%)

Sul
29 439 773
(14,3%)

Nordeste
56 915 936
(27,6%)

Centro-Oeste
15 660 988
(7,6%)

Sudeste
86 356 952
(41,9%)

Fonte: IBGE. Disponível em: ftp://ftp.ibge.gov.br/Estimativas_de_Populacao/Estimativas_2016/estimativa_dou_2016_20160913.pdf. Acesso em: 5 ago. 2020.

O **gráfico de linha** apresenta a evolução de um mesmo dado. Nesse caso, é preciso bastante atenção às informações no eixo vertical e no eixo horizontal. Veja o gráfico de linha a seguir:

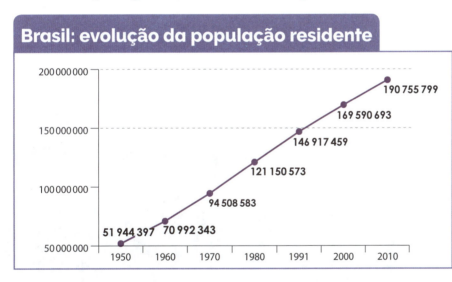

Brasil: evolução da população residente

200 000 000

190 755 799

169 590 693

150 000 000

146 917 459

121 150 573

100 000 000

94 508 583

51 944 397   70 992 343

50 000 000

1950 1960 1970 1980 1991 2000 2010

Fonte: IBGE. Disponível em: https://censo2010.ibge.gov.br/sinopse/index.php?dados=4&uf=00. Acesso em: 5 ago. 2020.

As **tabelas**, formadas por colunas e linhas, são usadas para organizar e relacionar dados. Observe a tabela a seguir.

Brasil: população de homens e mulheres (2010)	
Homens	**Mulheres**
93 406 990	97 348 809
População total: 190 755 799	

Fonte: IBGE. Disponível em: www.censo2010.ibge.gov.br/sinopse/index.php?dados=4&uf=00. Acesso em: 5 ago. 2020.

População absoluta brasileira

No Brasil havia, em 2020, mais de 211 milhões de habitantes; vivemos em um dos países mais populosos do mundo.

Quando falamos do número total de habitantes de um local, estamos nos referindo à sua **população absoluta**.

Observe na tabela os dez países com as maiores populações absolutas do mundo em 2020.

Em 1960, quando foi realizada a primeira contagem populacional da China moderna, o país já era o mais populoso do mundo, com mais de 500 milhões de habitantes. Desde então, a população quase triplicou.

Maiores populações absolutas do mundo		
Posição	País	População
1º	China	1 394 015 977
2º	Índia	1 326 093 247
3º	Estados Unidos	332 639 102
4º	Indonésia	267 026 366
5º	Paquistão	233 500 636
6º	Nigéria	214 028 302
7º	Brasil	211 715 973
8º	Bangladesh	162 650 853
9º	Rússia	141 722 205
10º	México	128 649 565

Fonte: CIA. *The World Factbook*. Disponível em: https://www.cia.gov. Acesso em: 5 ago. 2020.

Norbertas/Shutterstock.com

Pessoas andando em rua movimentada de Xangai. China, 2017.

Segundo estimativas da ONU, na década de 2030 a China poderá ser superada pela Índia, deixando então de ser o país mais populoso do mundo.

Distribuição da população

A maioria da população de nosso país está concentrada em algumas partes do território. Veja o mapa.

Fonte: IBGE. Disponível em: http://atlasescolar.ibge.gov.br/images/atlas/mapas_brasil/brasil_distribuicao_populacao.pdf. Acesso em: 5 ago. 2018.

1. Onde a população está predominantemente localizada? E em quais partes ela está menos concentrada?

_____

_____

2. As maiores concentrações estão próximas ou afastadas das capitais de unidades federativas? Na sua opinião, por que esse tipo de concentração ocorre?

_____

_____

3 Segundo sua interpretação, é possível afirmar que a população brasileira está bem distribuída no território?

_____

_____

_____

_____

Grande movimentação de pessoas em rua de comércio popular no centro de São Paulo, São Paulo, 2017.

1 Observe atentamente o mapa da página anterior e escreva **V** para as frases verdadeiras e **F** para as falsas.

☐ Os estados brasileiros têm seus números totais de habitantes bem parecidos.

☐ Nas áreas litorâneas e próximas às capitais há maior número de habitantes.

☐ A população brasileira não é bem distribuída pelo território.

☐ As porções central e norte do país são as que concentram o maior número de habitantes.

Densidade demográfica

Conforme se pode notar no mapa anterior, a população brasileira não é distribuída igualmente pelo território. Há regiões e estados com muito mais habitantes do que outros.

Para saber como ocorre essa distribuição, comparamos as informações da **densidade demográfica** de um lugar com as de outro (região, estado ou município).

A densidade demográfica indica quantos habitantes há por quilômetro quadrado, ou seja, quantas pessoas vivem em uma área específica, sendo possível saber o nível de concentração da população nessa área e se ela é populosa.

Para descobrir a densidade demográfica de um lugar, usamos o seguinte cálculo:

Número de habitantes de um local (população absoluta)

_____

Área de um local (quilômetros quadrados)
= Habitantes por quilômetro quadrado (hab./km²)

Observe a tabela a seguir, que mostra a densidade demográfica dos estados brasileiros e do Distrito Federal.

Unidade federativa	Densidade demográfica	Unidade federativa	Densidade demográfica
Acre	4,47	Paraíba	66,70
Alagoas	112,33	Paraná	52,40
Amapá	4,69	Pernambuco	89,62
Amazonas	2,23	Piauí	12,40
Bahia	24,82	Rio de Janeiro*	365,23
Ceará	56,76	Rio Grande do Norte	59,99
Distrito Federal	444,66	Rio Grande do Sul	37,96
Espírito Santo	76,25	Rondônia	6,58
Goiás	17,65	Roraima**	2,01
Maranhão	19,81	Santa Catarina	65,27
Mato Grosso	3,36	São Paulo	166,23
Mato Grosso do Sul	6,86	Sergipe	94,36
Minas Gerais	33,41	Tocantins	4,98
Pará	6,07		

* Estado mais povoado.   ** Estado menos povoado.
Fonte: IBGE – Estados. Disponível em: https://cidades.ibge.gov.br. Acesso em: 18 ago. 2020.

ATIVIDADES

1 Que cálculo é feito para descobrir a densidade demográfica de um lugar, e qual é a importância dessa informação?

_____

_____

_____

_____

2 Com base na interpretação da tabela da página anterior, pinte o mapa conforme solicitado:

Fonte: IBGE. *Atlas geográfico escolar.* 8. ed. Rio de Janeiro: IBGE, 2018. p. 94.

a) Laranja: unidade federativa com maior densidade demográfica.

b) Amarelo: os dois estados brasileiros com menor densidade demográfica.

c) Vermelho: os dois estados com maior densidade demográfica do país.

d) Dê um título ao mapa e pinte a legenda com as cores que você usou.

3 A unidade federativa em que você vive está na área de maior ou menor concentração demográfica?

_____

BRINCANDO DE GEÓGRAFO

1 A densidade demográfica pode se aplicar a qualquer grupo de pessoas que divide a mesma área, e isso inclui a escola e a sala de aula. Você vai calcular, então, a densidade demográfica de sua sala de aula:

a) População absoluta: _____

b) Área: _____

c) Densidade demográfica: _____

Para você, a densidade demográfica da sala de aula é um valor alto ou baixo? Explique oralmente sua resposta.

2 Observe a imagem abaixo e responda às perguntas.

Imagem representativa da Terra vista do espaço, com destaque para a América do Sul.

a) O que representam os locais claros e escuros?

_____

_____

_____

b) Os pontos claros estão igualmente distribuídos pelo território brasileiro? Explique.

_____

_____

RELEVOS E RIOS DO BRASIL

Relevo

A maior parte do território brasileiro é formada por planaltos, planícies e depressões, mas também temos locais de grandes altitudes, como o Pico da Neblina. Ele tem 2 995 metros e está localizado no norte do estado do Amazonas, na Serra do Imeri.

Observe no mapa a seguir as principais formas de relevo do Brasil.

Brasil: formas do relevo

Fonte: Vera Caldini e Leda Ísola. *Atlas geográfico Saraiva*. 4. ed. São Paulo: Saraiva, 2013. p. 33.

A altitude é um dos elementos que classificam as formas de relevo. Para medir a altitude de um local, o ponto de referência é o nível do mar, que está a zero metro de altitude. Observe as informações na imagem e no quadro abaixo.

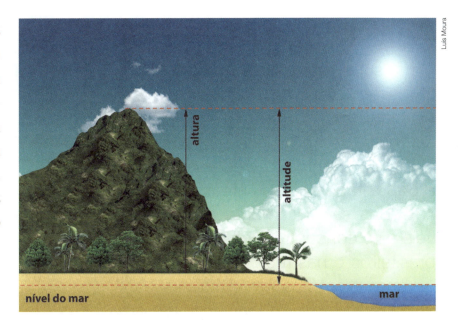

Altura e altitude são diferentes: a **altitude** é medida em relação ao nível do mar, enquanto a **altura** é sempre medida em relação ao terreno no qual está o objeto ou a pessoa.

Planalto

A superfície é pouco ondulada e com altitude variável, normalmente acima de 300 metros, incorporando serras e chapadas. Alguns exemplos de planaltos do Brasil são: Planaltos Residuais Norte-Amazônicos, Planaltos e Serras do Atlântico Leste-Sudeste e Chapada Diamantina.

Planalto. Ladainha, Minas Gerais, 2018.

Chapadas. Palmeiras, Bahia, 2019.

Planície

A superfície é plana, com altitude em torno de 100 metros. As planícies são formadas pelo acúmulo de materiais carregados pelos ventos, mares e rios, e depositados nessas áreas planas. Elas são facilmente alagáveis e se concentram nos litorais brasileiros e nas regiões de rios. Alguns exemplos de planícies em nosso país são: Planície do Rio Amazonas, Planície do Pantanal Mato-Grossense e Planície e Tabuleiros Litorâneos.

Planície. Corumbá, Mato Grosso do Sul, 2017.

Depressão

Geralmente são áreas mais baixas do que aquelas ao seu redor, como os planaltos, formadas pelo desgaste de rochas e erosão. Muitas depressões estão situadas em regiões próximas a importantes rios. Essa forma de relevo costuma ter altitude entre 100 e 500 metros.

Alguns exemplos de depressões no Brasil: Depressão Amazônica Ocidental e Depressão Sertaneja-São Francisco.

Vista da Depressão Sertaneja-São Francisco. Juazeiro do Norte, Ceará, 2017.

A ocupação humana nas diferentes formas de relevo

Os diversos tipos de relevo influenciam a forma de ocupação humana.

Conforme ocupam áreas de um território, as pessoas transformam a paisagem ao redor; por exemplo, ao construir estradas e rodovias, ao edificar cidades, ao preparar o terreno para a agricultura e para a pecuária e ao fazer represas nos rios e outras construções que modificam a superfície natural.

Paisagem transformada no entorno do Rio Pinheiros. São Paulo, São Paulo, 2018.

As mudanças naturais do relevo podem demorar centenas de milhares de anos para ocorrer. O ser humano, por sua vez, pode transformá-lo em poucos anos por meio das atividades socioeconômicas.

ATIVIDADES

1 Observe a imagem e responda à questão.

a) De que forma a paisagem está sendo transformada?

_____

_____

_____

_____

_____

_____

Campo Grande, Mato Grosso do Sul, 2018.

2 Observe o mapa da página 166 e faça o que se pede.

a) Quais são as unidades de relevo predominantes em seu estado?

_____

b) Quais são as características principais das unidades de relevo predominantes em seu estado?

_____

BRINCANDO DE GEÓGRAFO

1 Que tal fazer o mapa de relevo de seu estado? Você precisará de uma folha de papel transparente (papel vegetal), canetas e lápis.

1. Coloque a folha de papel transparente sobre o mapa do relevo brasileiro da página **166**.

2. Contorne os limites do estado onde você vive.

3. Preste bastante atenção nas formas de relevo de seu estado e contorne-as.

4. Faça a legenda no canto inferior do mapa. Pinte-a conforme as cores correspondentes às unidades de relevo.

5. Insira a rosa dos ventos e copie a mesma escala do mapa-base.

6. Cole o mapa em uma folha em branco e dê a ele um título.

Observando o mapa pronto, tente localizar seu município e descubra qual é a forma de relevo predominante nele.

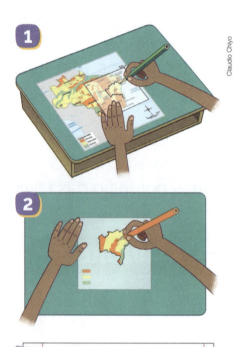

Claudio Chiyo

O litoral brasileiro

Litoral é a faixa de terra próxima ao mar. Banhado pelo Oceano Atlântico, o litoral brasileiro é muito extenso – 7 367 quilômetros –, e vai do estado do Amapá até o Arroio Chuí, no Rio Grande do Sul.

Brasil: fronteira terrestre e litoral

Fonte: IBGE. *Atlas geográfico escolar.* 8. ed. Rio de Janeiro: IBGE, 2018. p. 91.

No litoral brasileiro, encontram-se grandes cidades, como as capitais Rio de Janeiro, Salvador, Vitória, Florianópolis e Recife, além de importantes portos, como o do Rio de Janeiro e o de Santos.

Em alguns trechos predominam extensas praias, que atraem turistas de todo o mundo.

Vista aérea do Porto de Santos, Santos, São Paulo, 2018.

Praia de Itapuã, em Salvador, Bahia, 2019.

Praia de Boa Viagem, em Recife, Pernambuco, 2019.

ATIVIDADES

1 Qual oceano banha o litoral brasileiro?

_____

2 Cite alguns elementos culturais que compõem a paisagem do litoral brasileiro.

_____

3 Cite três grandes cidades localizadas no litoral brasileiro.

_____

Água: recurso e distribuição

No mundo, a água está presente de diversas formas: na superfície, em subsolos e na atmosfera. Sua quantidade é praticamente a mesma desde a formação do planeta, mas sua disponibilidade não. Por isso, ela é um recurso finito, ou seja, que pode chegar ao fim.

Rios e bacias hidrográficas

O Brasil tem uma das redes fluviais mais extensas do mundo. A superfície que coleta e drena as águas da chuva para um rio e seus afluentes forma uma **bacia hidrográfica**.

No território brasileiro há 12 bacias hidrográficas. Veja no mapa a localização das principais delas.

Fonte: IBGE. _Atlas geográfico escolar_. 8. ed. Rio de Janeiro: IBGE, 2018. p. 105 (adaptado).

Bacia Hidrográfica Amazônica

A Bacia Amazônica é a maior bacia hidrográfica do mundo. Ela abrange a Floresta Amazônica e está localizada entre o Planalto das Guianas, ao norte, e o Planalto Central do Brasil, ao sul.

O principal rio, o Amazonas, nasce no Peru. Ao entrar em território brasileiro, recebe o nome de Rio Solimões. Depois de seu encontro com o Rio Negro, em Manaus (no estado do Amazonas), ele volta a se chamar Rio Amazonas.

Quando as águas do Rio Solimões se encontram com as águas do Rio Negro, acontece um fenômeno chamado "encontro das águas", no qual as águas escuras do Rio Negro e as águas barrentas do Rio Solimões correm lado a lado, sem se misturar, por quilômetros. A explicação para esse fenômeno é a diferença de densidade e de temperatura das águas quando se encontram. Por sua rara beleza, esse fenômeno tornou-se uma das principais atrações turísticas da região.

O Rio Amazonas é um rio de planície. Por isso, e graças ao seu imenso volume de água, à largura e à profundidade de seu leito, embarcações de grande porte podem navegá-lo.

Andre Dib/Pulsar Imagens

Encontro das águas dos Rios Negro e Solimões. Manaus, Amazonas, 2020.

Bacia Hidrográfica do Tocantins-Araguaia

A Bacia Hidrográfica do Tocantins-Araguaia é a maior bacia exclusivamente brasileira, ou seja, todos os rios dela nascem e deságuam no Brasil. Ela possui elevado potencial para a geração de energia hidrelétrica.

No Rio Tocantins encontra-se a Usina Hidrelétrica de Tucuruí, a maior usina totalmente brasileira.

Bacia Hidrográfica do Paraná

A Bacia Hidrográfica do Paraná é constituída, no território nacional, pelo Rio Paraná e seus afluentes. Por ter muitas cachoeiras, característica típica de rios de planalto, suas águas foram aproveitadas para a construção de usinas hidrelétricas.

No Rio Paraná, entre o Brasil e o Paraguai, foi construída na década de 1970 a usina Itaipu Binacional, pertencente aos dois países. É uma das maiores usinas hidrelétricas do mundo.

Usina Hidrelétrica de Itaipu. Foz do Iguaçu, Paraná.

Bacia Hidrográfica do Paraguai

O Rio Paraguai nasce no estado do Mato Grosso e deságua no Rio Paraná, atravessando a Planície do Pantanal. É um rio navegável. Em suas margens, destacam-se os portos fluviais de Corumbá (o principal da região) e de Murtinho, no Mato Grosso do Sul.

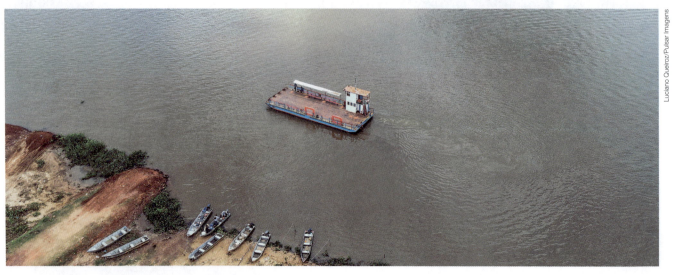

Embarcação navegado no Rio Paraguai. Corumbá, Mato Grosso do Sul, 2018.

Bacia Hidrográfica do São Francisco

O Rio São Francisco nasce na Serra da Canastra, estado de Minas Gerais, e deságua no Oceano Atlântico. Ele flui no sentido sul-norte e historicamente conecta o Sudeste ao Nordeste; por isso é também denominado Rio da Unidade Nacional.

Por ser um rio de planalto, ele possui várias cachoeiras, sendo a mais importante a de Paulo Afonso, localizada entre os estados da Bahia e de Alagoas. Também devido a essa característica, possui potencial hidrelétrico. Suas usinas abastecem tanto a Região Sudeste, como a Usina de Três Marias, em Minas Gerais, como a Região Nordeste, como as usinas de Sobradinho e de Paulo Afonso, na Bahia.

Rio São Francisco. Lagoa Grande, Pernambuco, 2018.

ATIVIDADES

1 Leia as frases a seguir e coloque **V** para verdadeiro e **F** para falso.

A superfície que coleta e drena as águas da chuva para um rio e seus afluentes é chamada de bacia hidrográfica.

A Bacia Hidrográfica do Tocantins-Araguaia é a maior bacia exclusivamente brasileira.

A Bacia Hidrográfica do Paraná é a maior bacia do Brasil.

A usina hidrelétrica de Itaipu localiza-se na Bacia Hidrográfica do Paraguai.

2 Observe o mapa "Brasil: bacias hidrográficas", da página 172, e escreva quais bacias hidrográficas fazem parte do seu estado.

_____

3 Relacione as frases a seguir.

a) Rio Solimões

b) Hidrelétricas de Três Marias, Sobradinho e Paulo Afonso.

c) Porto de Corumbá

d) Hidrelétrica de Tucuruí

e) Hidrelétrica de Itaipu.

☐ Localiza-se na Bacia do Paraguai.

☐ Localiza-se na Bacia Amazônica.

☐ Localiza-se na Bacia do Paraná.

☐ Localizam-se na Bacia do São Francisco.

☐ Localiza-se na Bacia do Tocantins-Araguaia.

🔍 PESQUISANDO

1 Faça uma pesquisa sobre o abastecimento hídrico e o saneamento básico de seu município, e depois responda às questões.

a) De onde vem a água que você e sua família consomem? Cite o nome do manancial, rio ou fonte que abastece sua região.

_____

b) Para onde vai a água do esgoto de sua casa? Esse esgoto é tratado em alguma estação de efluentes? Qual empresa ou órgão é responsável por esse tratamento?

_____

_____

_____

De olho em nossos mananciais

Embu das Artes é famosa pelas artes que produz e por sua Feira de Arte e Artesanato que ocorre na região central , onde características históricas preservadas atraem turistas de todos os lugares. Ficou conhecida como "Capital da Ecologia", por sua batalha pela preservação da natureza [...].

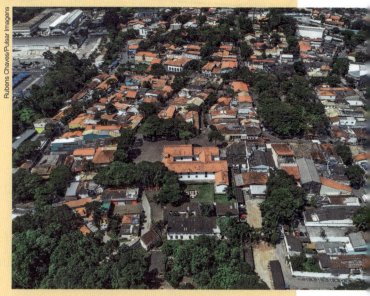

Apesar dos esforços, na urbanização desordenada ocorrida especialmente nas décadas de 70, 80 e 90, a falta de infraestrutura colaborou para um aumento significativo da poluição na cidade. [...]

A poluição hídrica em Embu das Artes apresenta problemas sérios, causados pela falta de tratamento de esgoto ou reaproveitamento de água, além dos resíduos jogados diretamente nos rios.

Embu das Artes, São Paulo, 2018.

Um exemplo é o Rio Embu-Mirim, responsável por 33% de toda a água da Represa Guarapiranga. Sua água está altamente poluída por esgotos residencial e industrial: "o cidadão é cobrado na conta de água por coleta e tratamento, mas somente tem seu esgoto levado da sua casa até o rio mais próximo e despejado lá, sem tratamento, sem proteção, e causa um mal terrível para natureza e para todo abastecimento da região metropolitana", comenta Rodolfo [Rodolfo Almeida, presidente da ONG Sociedade Ecológica Amigos de Embu (SEAE)]. [...]

EMBU das Artes: do verde ao cinza. *In*: SEAE. Embu das Artes, 2 jun. 2017.
Disponível em: http://seaembu.org/do-verde-ao-cinza/. Acesso em: 22 jul. 2020.

1 Quais são as formas de poluição hídrica de Embu das Artes citadas no texto?

_____

_____

2 Segundo o texto, o que levou ao cenário de poluição atual da cidade?

_____

Clima

Cada lugar na superfície terrestre tem um clima. Há lugares mais frios, mais quentes, mais secos, mais úmidos... O clima de cada lugar é definido pelo climatologista com base em pelo menos 30 anos ininterruptos de observações sobre a dinâmica dos elementos climáticos que atuam nesse determinado trecho de atmosfera.

Os principais elementos climáticos utilizados para se descrever o clima de um lugar são a temperatura, a precipitação (queda de água do céu na forma de chuva, neve ou granizo) e a pressão atmosférica.

Em função de sua extensa área territorial, o Brasil apresenta diferentes tipos de clima, que variam de um lugar para outro ou de uma região para outra.

Floresta Amazônica. Governador Jorge Teixeira, Rondônia, 2019.

Caatinga. Xique-Xique, Bahia, 2019.

Geada em São Joaquim, Santa Catarina, 2019.

Barra de São Miguel, Alagoas, 2017.

O Brasil está quase todo localizado na zona intertropical, isto é, entre a Linha do Equador e o Trópico de Capricórnio. Por isso, há o predomínio de temperaturas mais altas. No entanto, ao sul do Trópico de Capricórnio, o inverno é mais rigoroso e, em alguns lugares, as temperaturas podem ficar abaixo de zero grau Celsius (0 °C). Observe os climas do Brasil no mapa a seguir.

Brasil: climas

Equatorial
Tropical
Tropical atlântico
Tropical de altitude
Semiárido
Subtropical

Fonte: Gisele Girardi e Jussara Vaz Rosa. *Atlas geográfico do estudante*. São Paulo: FTD, 2011. p. 24.

ATIVIDADES

1 O Brasil apresenta seis tipos climáticos predominantes: equatorial, tropical, tropical de altitude, semiárido, subtropical e tropical atlântico. Em duplas, pesquisem sobre os climas brasileiros e preencham a tabela abaixo.

Tipo climático	Onde ocorre	Temperaturas ao longo do ano	Estação seca bem definida? Se sim, quando?
Equatorial			
Tropical			
Tropical de altitude			
Semiárido			
Subtropical			
Tropical Atlântico/ Litorâneo			

2 Por que o Brasil apresenta tantos tipos climáticos diferentes?

_____

3 Corrija as frases a seguir:

a) A maior porção do território brasileiro está entre a Linha do Equador e o Trópico de Câncer, na zona chamada intertropical, onde há predomínio de baixas temperaturas.

_____

_____

_____

b) Os principais elementos para descrever o clima de um lugar são a temperatura, as formas do relevo e o tipo de vegetação.

_____

_____

_____

4 Ligue corretamente o tipo de clima à respectiva descrição.

a) semiárido

b) subtropical

c) equatorial

d) tropical atlântico

e) tropical

Muito quente, sem grande variação na temperatura.

Presente na faixa litorânea do Brasil.

Temperaturas elevadas com inverno bem marcado.

Temperaturas elevadas e chuva durante todo ano.

Clima mais frio do Brasil. Podem ocorrer geadas.

181

5 Observe o mapa da página 179 e escreva o nome do clima predominante no estado em que você vive. Com a ajuda de um mapa político, tente localizar seu município no mapa de climas do Brasil. O clima predominante nele é o mesmo do estado?

_____

_____

_____

PESQUISANDO

1 Leia o trecho de notícia abaixo e faça o que se pede.

Cerca de 5 mil pessoas participaram de um ato em Paris pela luta contra o aquecimento global [...].

Manifestantes, muitos em bicicletas exibiam cartazes como "De bicicleta, você já teria chegado aqui" ou "Clima em perigo" e "Chefes de Estado do mundo, ajam!".

MILHARES de pessoas se reúnem em Paris contra aquecimento global. AFP. In: _Correio Braziliense_, Brasília, DF, 21 set. 2014. Disponível em: www.correiobraziliense.com.br/app/noticia/mundo/2014/09/21/interna_mundo,448112/milhares-de-pessoas-se-reunem-em-paris-contra-aquecimento-global.shtml. Acesso em: 22 jul. 2020.

■ Pesquise em jornais, revistas e _sites_ especializados o que é "aquecimento global", como esse fenômeno ocorre e quais são suas consequências. Com os colegas, discutam as informações obtidas e pensem em possíveis soluções ou atitudes que possam contribuir para o controle do fenômeno e de suas consequências.

Biomas

Biomas são áreas compostas de tipos específicos de formações vegetais e de espécies animais associadas a certos tipos climáticos e à influência dos tipos de rocha e relevo locais. A vegetação natural é uma das características mais evidentes das paisagens dos diferentes biomas.

Devido ao tamanho do Brasil, temos seis distintos biomas: Amazônia, Mata Atlântica, Cerrado, Pantanal, Caatinga e Pampa. Cada bioma pode apresentar, ainda, subdivisões internas, com tipos de vegetação específicos. Observe o mapa a seguir.

Brasil: biomas

50° O

0° Equador

OCEANO ATLÂNTICO

OCEANO PACÍFICO

Trópico de Capricórnio

NORTE

OESTE — LESTE

SUL

- Amazônia
- Caatinga
- Cerrado
- Pantanal
- Mata Atlântica
- Pampa

0   353   706 km
1 cm : 353 km

Alessandro Passos da Costa

Fonte: IBGE. *Atlas geográfico escolar*. 8. ed. Rio de Janeiro: IBGE, 2018. p. 103.

PESQUISANDO

1 Com seus colegas, construa um mural sobre os biomas brasileiros. Pesquise as seguintes informações:

- localização (principal região do Brasil em que ocorre);
- vegetação predominante (nome da vegetação acompanhada de uma foto);
- clima predominante (consulte o mapa da página 179);
- principais atividades econômicas (Como os seres humanos aproveitam os recursos naturais disponíveis em cada bioma? Dê exemplos);
- principais fontes de energia (Como é possível gerar energia com os recursos naturais de cada bioma? Cite exemplos).

SAIBA MAIS

Amazônia perde o equivalente a 128 campos de futebol por hora

Entre agosto de 2015 e julho de 2016 [...], a Amazônia perdeu 7 989 quilômetros quadrados (km²) de floresta, a maior taxa desde 2008, segundo levantamento do Instituto de Pesquisa Ambiental da Amazônia [...].

O desmatamento no período equivale à derrubada de 128 campos de futebol por hora [...]. Em números absolutos, o estado que mais desmatou foi o Pará, 3 025 km² de floresta a menos; seguido de Mato Grosso, [...] e Rondônia [...].

AMAZÔNIA perde o equivalente a 128 campos de futebol por hora. *CicloVivo*, [*s. l.*], 10 jan. 2017. Disponível em: http://ciclovivo.com.br/planeta/meio-ambiente/amazonia-perde-o-equivalente-a-128-campos-de-futebol-por-hora/. Acesso em: 5 ago. 2020.

Andre Dib/Pulsar Imagens

Floresta Amazônica. Governador Jorge Teixeira, Rondônia, 2019.

ATIVIDADES

1 Observe o mapa da página 183 e faça o que se pede.

a) Localize no mapa o estado em que você vive. Qual é o tipo de bioma predominante?

_____

b) Com base na resposta do item anterior, cite as principais características desse tipo de bioma.

_____

_____

Mais de 1001 utilidades

Muitas plantas nativas brasileiras têm uma porção de utilidades. Algumas são usadas em cosméticos, como xampus, cremes e perfumes. Outras são utilizadas na composição de remédios, para aliviar dores ou cicatrizar feridas. Além delas, frutas e raízes podem ser aproveitadas como alimentos. Mas existem algumas plantas que não devem ser consumidas pelo ser humano em hipótese alguma, pois são tóxicas ou venenosas.

As populações tradicionais do país detêm um grande conhecimento sobre as plantas nativas de suas regiões, aproveitando tudo o que a natureza pode dar – sempre com muita sabedoria e sem degradá-la.

1 Pesquise o nome de uma planta medicinal da vegetação nativa predominante de seu estado e anote as informações abaixo.

a) Nome científico:

_____

b) Nome popular:

_____

c) Uso medicinal:

_____

d) Onde pode ser encontrada:

_____

Natureza, nossa fonte de recursos

O Brasil apresenta grande potencial tanto no aproveitamento de fontes convencionais de energia, como a hidráulica e a biomassa, quanto na geração de fontes não convencionais, como a eólica e a solar.

As fontes de energia são recursos fundamentais para o desenvolvimento das atividades econômicas, como a agrícola e a industrial. Mas nem sempre se consegue aproveitar totalmente esses recursos. Os restos que sobram, e que podem virar poluentes nocivos ao meio ambiente, são chamados "rejeitos".

Usina fotovoltaica. Presidente Prudente, São Paulo, 2019.

Energia que vem do lixo

Qualquer rejeito de matéria orgânica transformado em energia é chamado de **biomassa**, como restos de árvores da produção de papel, restos da produção de cana-de-açúcar, soja ou arroz e rejeitos industriais. Muito do que produzimos em casa e chamamos de "lixo" pode ser transformado em energia.

Também é possível obter por meio da biomassa os **biocombustíveis**, como o biodiesel e o etanol, cujo consumo é crescente em substituição a derivados de petróleo, como o óleo diesel e a gasolina.

Por ser um grande produtor de cana-de-açúcar, o estado de São Paulo é também o maior produtor de energia proveniente de biomassa do Brasil. Os rejeitos da cana, que poderiam se tornar lixo, são transformados em energia. Além de alimentar a própria indústria, a energia é fornecida para outras indústrias e centros urbanos.

Rejeitos da cana-de-açúcar para produção de energia elétrica. Cerqueira César, São Paulo.

Usina de biomassa. Maringá, Paraná.

Energia que vem do vento

A energia eólica, nome dado à energia produzida com o vento, é uma das menos poluentes que existem, além de ser renovável. No Brasil, a Região Nordeste tem grande destaque na produção de energia eólica, porque essa é a região em que mais venta em todo o território nacional.

Parque Eólico. Beberibe, Ceará, 2018.

Os riscos da hidreletricidade

A maior parte da energia elétrica consumida no Brasil vem da energia da água. Nos últimos anos, os rios localizados no bioma amazônico passaram a ser interessantes para a produção de energia elétrica. Para que isso seja possível, porém, são necessárias grandes intervenções na paisagem da região. Construção de grandes barragens, alteração do curso de rios e desmatamento são algumas das consequências da exploração dos rios como fonte de energia.

Porém, além da degradação ambiental, as pessoas que vivem no bioma amazônico também são impactadas. Comunidades indígenas e ribeirinhas veem o ambiente em que vivem ser rapidamente transformado e, muitas vezes, destruído. O equilíbrio do bioma, com a preservação da vegetação, dos animais e da dinâmica natural, é fundamental para que as comunidades tradicionais possam ter sua cultura e seu estilo de vida preservados e respeitados.

Usina hidrelétrica de Belo Monte. Altamira, Pará, 2019.

187

O caso de Belo Monte

Inaugurada em 2016 no estado do Pará, Belo Monte é a 4ª maior usina hidrelétrica do mundo em potência instalada; estima-se que tenha custado mais de 40 bilhões de reais.

Construída principalmente sobre o Rio Xingu, a usina alterou o curso de rios locais, levou ao desmatamento de vastas áreas de floresta nativa e afetou permanentemente a biodiversidade terrestre e aquática da região.

Além disso, alterou a dinâmica econômica e social local. A cidade de Altamira, próximo à Belo Monte, recebeu mais de 100 mil habitantes em razão da construção da usina. Com a inauguração, contudo, grande parte dessas pessoas perdeu o emprego, o que levou Altamira a se tornar a 5ª cidade mais violenta do país. Desempregadas, algumas dessas pessoas passaram a invadir terras e desmatar novas áreas de floresta.

As comunidades tradicionais foram as que mais sentiram os impactos da nova usina hidrelétrica. Comunidades ribeirinhas viram os peixes desaparecerem e agora não têm como manter suas famílias por meio da pesca. Antigos agricultores locais perderam sítios pela elevação do nível do lençol freático. Além disso, comunidades indígenas agora assistem ao aumento do desmatamento em suas reservas.

Usina hidrelétrica de Belo Monte. Altamira, Pará, 2019.

ATIVIDADES

1 Cite um impacto ambiental e um impacto social relacionados à construção da Usina Hidrelétrica de Belo Monte. Explique sua resposta.

_____

_____

_____

_____

_____

2 Converse com os colegas sobre a Usina de Belo Monte. Haveria alguma alternativa à sua construção? Qual seria ela?

_____

_____

_____

_____

3 Por que é necessário que se invista continuamente na geração de fontes não convencionais de energia?

_____

_____

_____

_____

_____

4 O que são os biocombustíveis? Cite exemplos.

_____

_____

_____

_____

_____

O DESENVOLVIMENTO DO CAMPO

Por milênios, as atividades realizadas no campo foram as principais atividades econômicas desenvolvidas pelas diferentes sociedades. A agricultura, a pecuária e o extrativismo remontam aos primórdios do desenvolvimento das primeiras civilizações e permitiram, posteriormente, o florescimento de grandes e prósperas cidades.

Agricultura

A variedade de climas e a qualidade dos solos férteis do Brasil possibilitam uma grande e diversificada produção agrícola. Apesar do avanço industrial das últimas décadas, a agricultura ainda desempenha um papel muito importante na vida econômica do país. Soja, celulose, milho e café são nossos principais produtos agrícolas de exportação; desses, o mais exportado é a soja.

A agricultura pode ser de subsistência ou comercial (de mercado).

A agricultura de subsistência é praticada pelos pequenos agricultores e suas famílias, que utilizam ferramentas manuais, como a enxada, o arado puxado por animais e máquinas simples. A produção destina-se principalmente ao consumo próprio e ao comércio local.

Eduardo Zappia/Pulsar Imagens

Colheita manual de produção orgânica. Garopaba, Santa Catarina, 2020.

A agricultura comercial é praticada exclusivamente com fins comerciais, atendendo às demandas do mercado nacional e internacional. Esse tipo de agricultura emprega técnicas avançadas, além de tratores e máquinas modernas, e está bem desenvolvida em grande parte do país.

As grandes propriedades agrícolas são chamadas **latifúndios** e as menores, **minifúndios**.

O Brasil produz principalmente os seguintes produtos agrícolas: café, cacau, algodão, soja, cana-de-açúcar, feijão, milho e laranja. Veja no mapa a seguir como a produção agrícola está distribuída no país. Note que as culturas se concentram em diferentes estados e regiões.

Colheita mecânica de produção comercial de soja. Formosa do Rio Preto, Bahia, 2017.

Brasil: produção agrícola

Legenda:
- Algodão
- Café
- Cana-de-açúcar
- Feijão
- Milho
- Soja

Fonte: IBGE. *Atlas geográfico escolar: Ensino fundamental - 6º ao 9º*. Rio de Janeiro: IBGE, 2012. p. 32.

ATIVIDADES

1 Observe o mapa da página anterior e responda às questões.

a) Quais estados produzem soja?

_____

_____

b) Quais estados produzem café?

_____

_____

c) O que seu estado produz?

_____

2 Quais são as diferenças entre a agricultura de subsistência e a agricultura comercial?

_____

_____

_____

_____

3 Leia as frases e indique **V** para verdadeiro e **F** para falso.

☐ O avanço da atividade industrial nos últimos anos fez com que a produção agrícola brasileira perdesse bastante importância no cenário nacional e internacional.

☐ Fatores naturais como os tipos de clima e solo influenciam na atividade agrícola.

☐ A produção agrícola voltada para o consumo próprio e para o comércio local é conhecida como agricultura de subsistência, e geralmente emprega máquinas avançadas e técnicas modernas.

☐ A produção agrícola voltada exclusivamente para fins comerciais e que utiliza equipamentos simples e mão de obra familiar é conhecida como agricultura de mercado ou comercial.

Pecuária

Pecuária é a atividade que compreende a criação de animais, como gado bovino, suíno, equino, caprino e ovino. Abrange também a criação de aves, coelhos e abelhas.

A criação de gado bovino é a mais praticada no Brasil, não só em razão de sua utilidade no trabalho agrícola e como meio de transporte na zona rural mas, sobretudo, por sua importância no fornecimento de carne (pecuária de corte), leite e derivados (pecuária leiteira), e couro.

Há dois tipos de prática na pecuária: a criação extensiva e a criação intensiva. Na **pecuária extensiva**, o gado é criado solto e em grandes áreas de pastagens naturais. Na **pecuária intensiva**, o gado é confinado em áreas menores em comparação com a pecuária extensiva, e alimentado com pastagens especiais, ração etc.

À esquerda, pecuária extensiva, Poconé, Mato Grosso. À direita, pecuária intensiva, Campo Belo, Minas Gerais.

Tanto na pecuária extensiva quanto na intensiva, os animais precisam de cuidados especiais, como vacinas, alimentação adequada e tratamento com médicos veterinários.

Os pecuaristas são os proprietários dos rebanhos. Os trabalhadores que se dedicam ao trabalho de criar e cuidar do gado são chamados de vaqueiros ou boiadeiros, retireiros, peões e pastores.

ATIVIDADES

1 O que é pecuária?

_____

2 Complete as frases com as palavras corretas.

| EXTENSIVA | INTENSIVA |

a) Na prática conhecida como pecuária _____, o gado é confinado e criado em pequenas áreas.

b) Na prática conhecida como pecuária _____, o gado é solto e criado em grandes áreas de pastagem.

PESQUISANDO

1 Pesquise o nome dado às diferentes atividades pecuárias existentes. Ligue o nome do animal ao da respectiva atividade pecuária.

a) porco

b) boi

c) frango

d) rã

e) abelha

f) cabra

bovina

caprina

suína

avicultura

ranicultura

apicultura

2 Pesquise se existe atividade pecuária em seu município e quais são suas principais características. Utilize fontes variadas, como jornais locais, *sites*, revistas e livros.

194

BRINCANDO DE GEÓGRAFO

1 Observe na tabela abaixo a evolução do rebanho bovino no Brasil.

Ano	1974	1984	1994	2004	2014
Quantidade de animais (em milhões)	92,5	127,7	158,2	204,6	212,3

Fonte: IBGE. Efetivo do rebanho por tipo de rebanho: rebanho bovino. *In*: IBGE. Rio de Janeiro, [20--?]. Disponível em: http://seriesestatisticas.ibge.gov.br/series.aspx?no=1&op=0&vcodigo=PPM01&t=efetivo-rebanhos-tipo-rebanho. Acesso em: 5 ago. 2020.

Agora, no caderno, transforme esses dados em um gráfico de colunas. Você só precisará de lápis e régua.

Claudio Chyo

Dicas:

- Cada coluna deverá representar, no eixo horizontal, um dos anos em que a pesquisa do IBGE foi realizada.

- Para que o gráfico seja bastante representativo, siga a seguinte proporção no eixo vertical:

> 92,5 milhões = 9,2 cm
> 127,7 milhões = 12,7 cm
> 158,2 milhões = 15,8 cm
> 204,6 milhões = 20,4 cm
> 212,3 milhões = 21,2 cm

2 Explique a diferença entre pecuária de corte e leiteira.

_____

_____

Extrativismo

Extrativismo é a atividade econômica em que o ser humano retira do meio ambiente os recursos naturais de que necessita.

Essa atividade é muito antiga no Brasil. A extração do pau-brasil, exemplo de extrativismo, foi a primeira atividade econômica praticada no país pelos portugueses com base no trabalho escravizado indígena. Outro exemplo muito antigo

Minerador extraindo ouro com auxílio da bateia. Poconé, Mato Grosso, 2018.

de extrativismo é a mineração. Com o trabalho escravizado dos povos africanos trazidos para o Brasil, os colonos extraíam ouro e diamantes da região de Minas Gerais.

Há três modalidades de extrativismo: vegetal, animal e mineral.

Vamos conhecê-las melhor a seguir.

Extrativismo vegetal

Os principais produtos do atual extrativismo vegetal no Brasil são o látex, a castanha-do-pará, a carnaúba, o babaçu, a erva-mate, a celulose e a **madeira de lei**.

 GLOSSÁRIO

Madeira de lei: madeira resistente e de boa qualidade, utilizada na construção civil e na confecção de móveis. Exemplos: mogno, jacarandá e ipê.

Extração de madeira em área certificada de manejo florestal sustentável. Itacoatiara, Amazonas, 2019.

O **látex** é extraído de muitas árvores das florestas equatoriais. A seringueira, nativa da Floresta Amazônica, é a árvore que mais o produz. O látex é a matéria-prima empregada na fabricação de borracha.

O seringueiro, profissional que extrai o látex da seringueira, faz diversos cortes de cima para baixo no tronco das árvores. A seiva escorre por esses cortes e enche os baldes que ficam presos aos troncos.

Seringueiro extraindo látex. Tarauacá, Acre, 2017.

A **castanha-do-pará** é extraída da castanheira. Rica em óleo, é uma semente muito utilizada na fabricação de sabão e de produtos farmacêuticos, além de ser comestível.

As castanheiras são árvores muito altas, o que dificulta a extração. Muitas vezes, os castanheiros esperam as castanhas caírem no solo para recolhê-las e inseri-las nos cestos presos às suas costas.

Extração de castanha-do-pará. Laranjal do Jari, Amapá, 2017.

A **carnaúba** é uma espécie de palmeira que atinge entre 15 e 20 metros de altura. É conhecida em alguns lugares como "árvore da providência", porque dela tudo se aproveita: desde o caule (estipe), com o qual são feitos ripas e caibros para a fabricação de casas, até as fibras, usadas na confecção de redes, esteiras, cestas, cordas e chapéus. Da semente, extrai-se óleo; das folhas, a cera, utilizada na indústria de vernizes e isolamentos; de seus frutos são feitos doces; da raiz, medicamentos.

Rogério Reis/Pulsar Imagens

Mulher produzindo bolsas artesanais utilizando a palha de carnaúba. Juazeiro do Norte, Ceará.

O **babaçu** é um coco proveniente de uma espécie de palmeira de grande porte, muito utilizado na fabricação de óleos, sabão e sabonete.

O trabalho de colheita e quebra do coco é feito manualmente. Geralmente, os cocos são colhidos nos babauçais e transportados em grandes cestas. A quebra para a obtenção da semente é feita com o auxílio de uma ferramenta que imita o martelo.

Fábio Colombini

Quebra de castanha--de-babaçu para produção do óleo. Barbalha, Ceará.

No Brasil existem grandes florestas e uma rica vegetação. Alguns madeireiros exploram de forma inconsequente as **madeiras de lei** – usadas no setor de construção –, que podem se extinguir em curto prazo se não forem preservadas.

Com o objetivo de evitar a extração predatória e o desmatamento das florestas nativas, foram criadas leis e licenças ambientais no Brasil. Essas leis dizem respeito ao processo produtivo e à comercialização dos produtos oriundos da madeira.

Pátio de estocagem de toras de madeira certificada provenientes de manejo florestal sustentável. Itacoatiara, Amazonas, 2019.

Extrativismo animal

O extrativismo animal abrange a pesca e a caça.

Com um litoral muito extenso, nosso território oferece uma variedade grande de peixes e frutos do mar.

Embora também possa ser praticada em rios, lagos e represas, a pesca em água salgada é a mais importante. Pode ser feita no litoral ou em alto-mar.

Entretanto, é recorrente o problema da pesca predatória: empresas pesqueiras pescam em locais proibidos, muitas vezes ultrapassando a quantidade de peixes permitida por lei.

Pescadores na foz do rio Mucuri. Mucuri, Bahia, 2018.

Extrativismo mineral

É o trabalho de extrair recursos minerais do solo. A indústria responsável por essa atividade recebe o nome de extrativista.

O **minério de ferro** é o mais importante mineral explorado pelo Brasil. Nossas jazidas, isto é, os depósitos naturais onde os minerais se concentram, estão entre as maiores e melhores do mundo. No Quadrilátero Ferrífero, em Minas Gerais, concentra-se a maior parte da produção, e na Serra dos Carajás, no Pará, situa-se uma das maiores reservas do planeta.

Exploração de minério de ferro na Serra dos Carajás, Pará.

O **manganês** é um minério muito importante para a fabricação do aço. As principais áreas produtoras são a Serra do Navio, no Amapá, e o Quadrilátero Ferrífero, em Minas Gerais.

O **carvão mineral** é muito utilizado como fonte de energia nas indústrias siderúrgicas e metalúrgicas. Suas principais jazidas estão nos estados de Santa Catarina e Rio Grande do Sul.

O **sal marinho**, aquele que colocamos em nossos alimentos, é explorado principalmente nos litorais do Rio de Janeiro e do Rio Grande do Norte.

O **petróleo** é uma grande fonte de energia encontrada na camada mais profunda do solo e na plataforma submarina do litoral. Com ele, é possível fabricar gasolina, querosene, gás de cozinha, óleos combustíveis etc.

ATIVIDADES

1 O que é extrativismo e quais são seus tipos?

_____

_____

_____

2 Leia as frases e indique **V** para verdadeiro e **F** para falso.

☐ O látex, a castanha-do-pará, a carnaúba, o babaçu, o carvão mineral e o petróleo são importantes produtos do extrativismo vegetal brasileiro.

☐ O litoral brasileiro é bastante favorável à pesca, já que sua grande extensão propicia a diversidade de espécies de peixes e frutos do mar.

☐ O carvão mineral é um recurso muito utilizado como fonte de energia nas siderúrgicas e metalúrgicas.

☐ O extrativismo é muito antigo no Brasil. Se divide em duas modalidades de atividade: vegetal e animal.

3 Relacione corretamente os produtos do extrativismo brasileiro aos respectivos usos.

a) látex

b) petróleo

c) carnaúba

> Produção de óleo proveniente da semente; de medicamentos, das raízes; de cera, das folhas; de doces, dos frutos.

> Produção de borracha usada na fabricação de pneus, calçados etc.

> Produção de gasolina, querosene, gás de cozinha etc.

Não basta produzir, é preciso transportar

O mapa identifica os principais espaços produtores de soja, arroz, feijão e cana-de-açúcar no Brasil. Ele identifica, também, as redes de transporte ferroviária e hidroviária existentes no território.

Transporte ferroviário é aquele realizado por trens sobre linhas férreas. Transporte hidroviário é o realizado por navios sobre cursos de água, como rios. Juntos, são os meios de transporte mais eficazes para transportar produtos agrícolas.

Quando produzimos algo, é necessário que o produto seja facilmente transportado, para que empresas e consumidores finais possam obtê-lo com menor custo e maior rapidez.

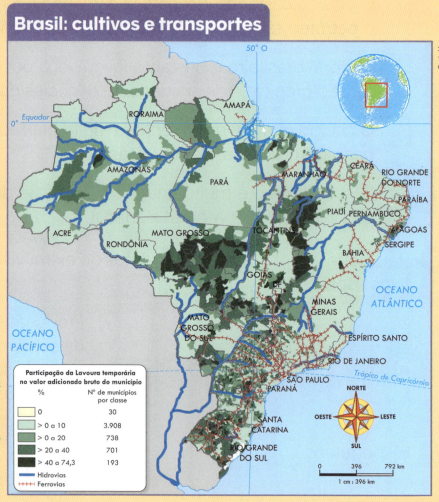

Brasil: cultivos e transportes

Participação da Lavoura temporária no valor adicionado bruto do município	
%	Nº de municípios por classe
0	30
> 0 a 10	3.908
> 0 a 20	738
> 20 a 40	701
> 40 a 74,3	193
Hidrovias	
Ferrovias	

Fontes: IBGE. *Atlas geográfico escolar*. 8. ed. Rio de Janeiro: IBGE, 2018. p. 32-33; *Mapas e bases dos modos de transportes*. Brasília, DF: Ministério da Infraestrutura, 2019.

1 Por que as redes de transporte ferroviária e hidroviária são importantes para o desenvolvimento econômico de um país?

_____

_____

O DESENVOLVIMENTO DAS CIDADES

Atualmente, mais de 80% da população brasileira vive e trabalha nas cidades. São nas cidades que estão concentradas as atividades industriais, comerciais e de serviços, além das sedes municipais.

A concentração da população em cidades é um fato novo na história do desenvolvimento humano. Na maior parte de nossa história, as populações de diferentes regiões do mundo viveram e trabalharam no campo, com atividades agrícolas para produção de alimentos e insumos básicos. No caso do Brasil, foi apenas após o período entre as décadas de 1930 e 1950 que as cidades tiveram crescimento acelerado.

As primeiras indústrias surgiram a partir dos anos 1930, principalmente na cidade de São Paulo, estimuladas pela produção de café. Boa parte dos imigrantes europeus que chegaram no mesmo período, sobretudo italianos, ocuparam diversos postos de trabalho dessas indústrias.

Posteriormente, empresas estrangeiras se instalaram no Brasil e estimularam ainda mais o desenvolvimento da indústria, que passou a absorver a mão de obra excedente que vinha da zona rural. O camponês, que pouco a pouco entrou na indústria, fez aumentar a classe de operários.

Fonte: Proenem. A cronologia da urbanização no Brasil. Disponível em: www.proenem.com.br/enem/geografia/urbanizacao-brasileira/. Acesso em: 20 ago. 2020.

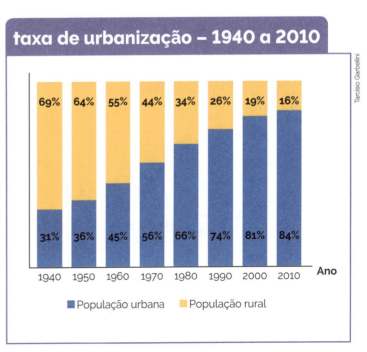

taxa de urbanização – 1940 a 2010

Ano	1940	1950	1960	1970	1980	1990	2000	2010
População rural	69%	64%	55%	44%	34%	26%	19%	16%
População urbana	31%	36%	45%	56%	66%	74%	81%	84%

Tarcísio Garbellini

■ População urbana ■ População rural

O trabalho na cidade: indústrias

Até os anos 1980, a atividade industrial, realizada nas fábricas, concentrou boa parte dos postos de trabalho das cidades. Nessa atividade, operários transformam matéria-prima em produtos industrializados.

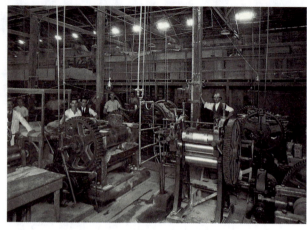

Os principais tipos de indústria são:

- Indústria extrativista – extrai da natureza os recursos vegetais, animais e minerais;

Indústria de fabricação de calçados, em São Paulo, São Paulo, cerca de 1930.

- Indústria de transformação – modifica a matéria-prima extraída pela indústria extrativista em diversos produtos, subdividindo-se em indústria de bens de produção e indústria de bens de consumo.

Observe o mapa de distribuição das indústrias pelo Brasil. Onde elas estão concentradas?

Fonte: IBGE. *Atlas geográfico escolar*. 8. ed. Rio de Janeiro: IBGE, 2018. p. 134.

Indústrias de bens de produção

Transformam matéria-prima em bens que serão usados em outras indústrias. São exemplos as petroquímicas, as metalúrgicas e as siderúrgicas. Também são conhecidas como **indústrias de base**.

A indústria petroquímica extrai o petróleo e produz seus derivados; fabrica insumos químicos para produtos farmacêuticos, fertilizantes, plásticos etc. No Brasil, há polos petroquímicos nos estados de São Paulo, Bahia e Rio Grande do Sul.

A indústria metalúrgica realiza a extração e a transformação de metais, como o aço e o ferro. Eles são produzidos nas indústrias siderúrgicas, concentradas principalmente nos estados de São Paulo, Minas Gerais e Rio de Janeiro.

Indústria petroquímica, em Paulínia, São Paulo.

Indústria metalúrgica em Cambé, Paraná.

Indústrias de bens de consumo

Fabricam bens de uso geral, como alimentos, roupas, remédios, eletroeletrônicos etc. Elas se distribuem por todo o Brasil.

Produtos artesanais são bens de consumo fabricados sem o uso de máquinas, muitas vezes feitos com técnicas manuais, menor infraestrutura e matérias-primas mais simples, como barro, fibras vegetais, metais, entre outras. Você consegue dar exemplos de produtos artesanais que você tenha em casa?

Linha de produção em indústria de motocicletas, em Manaus, Amazonas.

ATIVIDADES

1 Analise o mapa abaixo e faça o que se pede.

Brasil: indústrias metalúrgicas – 2016

• Município com mais de 10 indústrias metalúrgicas

Fonte IBGE.: *Atlas geográfico escolar.* 8. ed. Rio de Janeiro: IBGE, 2018. p. 135.

a) Quais são os três estados com maior concentração de indústrias metalúrgicas?

_____

b) Cite dois estados em que não existem mais de dez indústrias metalúrgicas.

_____

_____

O trabalho na cidade: comércio e serviços

Comércio

A atividade comercial é a compra, venda e troca de produtos. A prática comercial surgiu numa época em que ainda não existia moeda (dinheiro) e as pessoas trocavam o que possuíam em excesso por produtos que lhes faltavam.

Com o passar do tempo, a simples troca direta de mercadorias foi substituída pelo comércio à base de moeda.

O comércio se divide em: **comércio interno** (compra e venda dos produtos no próprio país) e **comércio externo** (importação e exportação de produtos). A **importação** é a compra, por um país, de mercadorias fabricadas por outros países. A **exportação** é a venda das mercadorias fabricadas de um país para outros.

Analise a tabela de balança comercial do Brasil em 2019. De acordo com os dados, ela é positiva ou negativa para os negócios brasileiros?

Brasil: balança comercial (em bilhões de US$) – 2019		
Exportações	Importações	Saldo
225,38	177,34	48,04

Fonte: ADVFN. Disponível em: https://br.advfn.com/indicadores/balanca-comercial/brasil/2019. Acesso em: 5 ago. 2020.

Observe atentamente as imagens a seguir.

Contêiner é descarregado no Porto de Santos, Santos, São Paulo, 2015.

Trem transportando brita. Taquaritinga, São Paulo, 2018.

Repare que, nas importações e exportações, os produtos podem percorrer pequenas ou grandes distâncias. Por isso, para facilitar a distribuição, o comércio precisa de boas vias de transporte e bons sistemas de comunicação.

Como medidas facilitadoras, são construídas rodovias, estações de trem, ferrovias, portos e aeroportos, por onde se distribuem diversas mercadorias, desde matérias-primas até produtos com a mais avançada tecnologia.

GLOSSÁRIO

Balança comercial: relação entre as importações e as exportações de um país em determinado período.

Serviços

Os serviços são atividades variadas que atendem às necessidades de empresas ou pessoas e não assumem a forma de produtos. São também chamados de bens imateriais. Veja alguns exemplos:

- comunicação (telefonia e internet);
- cultura e entretenimento (teatro, cinema, televisão etc.);
- alimentação (restaurantes, lanchonetes etc.);
- saúde (hospitais, consultórios, laboratórios etc.);
- turismo (agência de viagens, hotéis etc.).

Garçom em restaurante.

Assim como a agricultura, a indústria e o comércio, os serviços também fazem parte do nosso dia a dia. E são tão presentes que correspondem à maior parte da geração de emprego e de renda da população brasileira.

Observe no gráfico abaixo a participação de cada um dos setores da economia na composição do **Produto Interno Bruto (PIB)** brasileiro.

GLOSSÁRIO

Produto Interno Bruto (PIB): soma de toda a riqueza gerada no país ao longo de um ano.

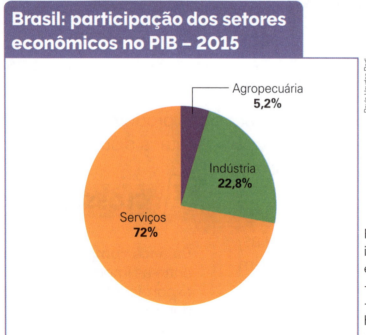

Brasil: participação dos setores econômicos no PIB – 2015

- Agropecuária 5,2%
- Indústria 22,8%
- Serviços 72%

Paula Haydee Radi

Fonte: IBGE. Disponível em: www.ibge.gov.br/estatisticas/economicas/contas-nacionais/9300-contas-nacionais-trimestrais.html?edicao=26998&t=resultados. Acesso em: 20 ago. 2020.

Urbanização acelerada e as formas da cidade

As cidades brasileiras cresceram rapidamente entre as décadas de 1930 e 1970, período em que houve também grande aumento populacional, e consequentemente dos desafios e problemas urbanos. Como você acha que isso se refletiu na paisagem das cidades?

Casas de madeira construídas ao lado de córrego em São Paulo (SP), 2017.

As cidades não dispunham de infraestrutura de saneamento básico, ruas asfaltadas, transportes, energia elétrica e regularização fundiária para oferecer condições de vida satisfatórias e igualitárias a toda população, que só aumentava. Dessa forma, os problemas urbanos que já existiam foram agravados e perpetuados, particularmente nas grandes metrópoles.

Dentro da cidade, há muitos tipos de bairros e estruturas. Alguns mais planejados e mais bem estruturados, outros muito menos assistidos e sem planejamento. Alguns deles foram construídos pelas próprias pessoas que chegavam à cidade, ocupando locais impróprios para ocupação, conhecidos como áreas de risco (risco de deslizamentos, inundações etc.). Usualmente, essas pessoas estão em moradias precárias e desprovidas de saneamento básico e serviços essenciais.

Deslizamento de terra em encosta em área de risco no Morro do Socó, Osasco, São Paulo, 2020.

A cidade em transformação

Como vimos, as paisagens das cidades se transformam, às vezes muito rapidamente. Uma maneira de observar essas alterações é por meio da comparação de fotografias.

As primeiras fotografias feitas no Brasil datam de 1850, aproximadamente. Desde então, muitos retratos de cidades brasileiras foram feitos, sendo possível comparar um mesmo local em diferentes tempos. Você acha que as cidades de antigamente eram iguais às atuais? Observe as imagens abaixo. Nelas, a Ladeira Porto Geral, no centro da cidade de São Paulo, é mostrada em diferentes épocas.

Quais diferenças existem nas construções e nos elementos das paisagens? Há elementos preservados?

Ladeira Porto Geral, no centro de São Paulo, em 1915 (acima) e 2020 (abaixo).

1 Observe as imagens de satélite abaixo, que mostram a evolução da mancha urbana da cidade de Altamira, no Pará.

Imagem de satélite do município de Altamira, Pará, em 1995.

Imagem de satélite do município de Altamira, Pará, em 2016.

a) O que está sendo mostrado nas imagens? Quais os anos de cada uma delas e quanto tempo de intervalo elas têm entre si?

_____

_____

_____

b) Circule os principais locais que se modificaram entre uma imagem e outra. Quais as principais diferenças entre as imagens, e onde ocorreram essas mudanças?

_____

_____

_____

_____

_____

_____

A expansão das cidades e o crescimento do número de habitantes impulsionaram a demanda por moradias, serviços de saúde, transporte, educação, entre outros. Isso modificou as paisagens urbanas. No Brasil, essa transformação foi veloz e caótica, resultando em desigualdades muito marcantes de bairro para bairro.

Há casas e bairros inteiros sem infraestrutura, e problemas advindos da própria concentração populacional, de indústrias e de setores comerciais que acabam provocando transformações no meio ambiente, como erosão, poluição hídrica e mudanças no clima local. É importante também lembrar das ocupações em áreas de risco, como vertentes íngremes, zonas inundáveis, áreas de mananciais em locais contaminados, entre outras.

1 No seu bairro, município ou região, você identifica problemas ambientais como os indicados nas imagens abaixo? Como você acha que eles impactam na qualidade de vida da população?

_____

_____

Palafitas e lixo descartado na beira do Rio Negro. Manaus, Amazonas, 2019.

Camada de poluição na região central de São Paulo, São Paulo, 2019.

Pista da marginal Tietê transbordada devido à chuva intensa. São Paulo, São Paulo, 2020.

2 Faça uma pesquisa sobre a existência de problemas ambientais em sua região, cidade ou bairro. Converse com um adulto e pesquise em fontes oficiais ou dignas de confiança (livros, jornais, revistas e *sites*). Levante informações para responder às perguntas abaixo:

a) Qual o tipo de problema identificado?

_____

_____

_____

b) Onde ele ocorre no bairro, cidade ou região?

_____

_____

c) Quando ele começou? Ou sempre existiu?

_____

_____

d) É frequente ou esporádico?

_____

_____

e) Que riscos ele apresenta à população?

_____

_____

_____

f) Como ele já afetou as pessoas e a sociedade?

_____

_____

g) Em sua opinião, esse problema pode ser evitado? Sugira formas de evitá-lo ou reduzi-lo.

_____

_____

_____

_____

213

A divisão regional atual

As regiões são áreas com certo conjunto de características em comum, como o ambiente físico, a composição de sua população e o modo de vida de seus habitantes. No Brasil, as regiões são formadas por agrupamentos de unidades federativas.

As cinco macrorregiões brasileiras são: Norte, Nordeste, Sudeste, Sul e Centro-Oeste. No entanto, nem sempre o Brasil foi regionalizado dessa maneira.

A regionalização é um processo histórico construído ao longo dos anos e que atende a necessidades políticas em um dado contexto, visando, entre outros objetivos, facilitar a administração territorial. No Brasil, o Instituto Brasileiro de Geografia e Estatística (IBGE) é o órgão responsável pela elaboração das regionalizações que você estudará agora.

Brasil: regiões

Fonte: IBGE. *Atlas geográfico escolar*. 8. ed. Rio de Janeiro: IBGE, 2018. p. 94.

Região Norte

A Região Norte é a mais extensa do Brasil, ela corresponde a quase metade do território brasileiro e é formada pelos seguintes estados: Acre, Amapá, Amazonas, Pará, Rondônia, Roraima e Tocantins.

Observe atentamente o mapa a seguir.

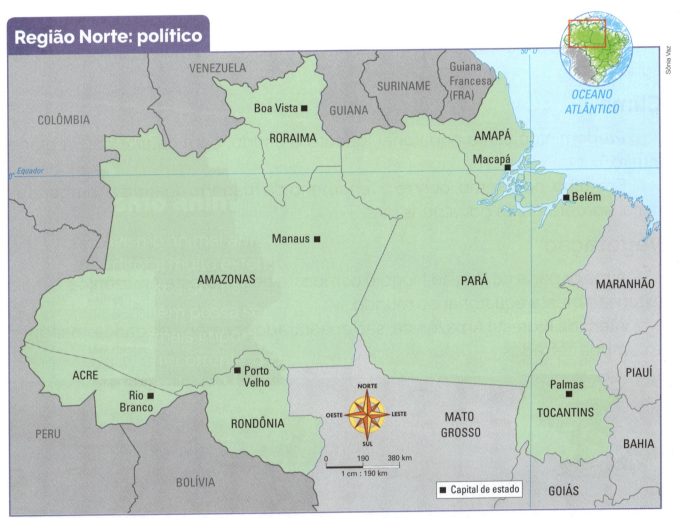

Fonte: IBGE. *Atlas geográfico escolar*. 8. ed. Rio de Janeiro: IBGE, 2018. p. 94.

População

Em 2010, a Região Norte tinha a menor densidade demográfica do país: 4,12 habitantes/km², segundo o Censo do IBGE feito naquele ano. A maioria da população vive nas capitais dos estados e ao longo dos principais rios. Pará, Amazonas e Rondônia são os estados mais populosos da região.

A Região Norte é também a que apresenta a maior população indígena, com diversas etnias, como Sateré-Mawé, Munduruku, Apinaye e Yanomami.

Relevo

Nessa região encontra-se uma das mais vastas planícies do mundo – a Planície Amazônica. Ao norte, há o Planalto das Guianas, onde está situado o ponto mais elevado do Brasil, o Pico da Neblina, com 2 994 metros de altitude.

Hidrografia

A Região Norte tem a maior quantidade de rios do Brasil e a maior bacia hidrográfica do mundo. O Rio Amazonas é o maior rio do mundo em volume de água.

Clima

Predomina o clima equatorial, quente e úmido, com calor e chuva o ano inteiro.

Em julho, no inverno, ocorre o fenômeno da friagem, quando a temperatura cai abruptamente por alguns dias.

Vegetação

A maior parte da Região Norte é composta pela Floresta Amazônica, a mais extensa floresta equatorial do mundo.

Além da Floresta Amazônica, são encontrados campos alagados, mangues e campos cerrados.

Floresta Amazônica em Autazes. Amazonas, 2020.

Atividades econômicas

O extrativismo – animal, vegetal e mineral –, a indústria e o comércio são as principais atividades econômicas da região.

A pesca é a base da alimentação de boa parte da população ribeirinha, devido à grande quantidade de rios. Quanto ao extrativismo vegetal, sobressaem-se a extração de madeira de lei, para a fabricação de móveis, e a do látex, além da exploração de raízes e plantas medicinais para as indústrias farmacêutica e cosmética. Na fruticultura, o açaí e o cupuaçu são os exemplos mais importantes.

As maiores reservas de minério de ferro do mundo estão na Serra dos Carajás, no estado do Pará. Já na Serra do Navio, no Amapá, encontra-se o maior centro de extração de manganês. Na Região Norte há, ainda, grandes reservas de ouro.

Embora a cidade de Belém seja o maior centro comercial da região, a Zona Franca de Manaus tem uma atividade econômica bem desenvolvida, além de ser um ponto turístico. Nela se pratica o livre comércio (isto é, sem impostos) de produtos importados.

Com a criação do Distrito Industrial de Manaus, foram instaladas muitas fábricas de aparelhos eletrodomésticos. Manaus e Belém são os maiores centros industriais da região.

Distrito Industrial de Manaus. Amazonas, 2018.

ATIVIDADES

1 Caracterize a população da Região Norte no que diz respeito à densidade demográfica, concentração populacional e etnia.

_____

_____

_____

_____

2 Com base no que você aprendeu dos aspectos naturais dessa região, assinale **V** para verdadeiro e **F** para falso.

☐ A Região Norte tem o maior número de rios do Brasil e a maior bacia hidrográfica do mundo.

☐ O clima predominante na Região Norte é o temperado, com temperaturas amenas e inverno rigoroso.

☐ A maior parte da Região Norte é coberta pela Floresta Amazônica, mas nela também se encontram outros tipos de vegetação, como campos alagados, mangues e cerrados.

3 Agora, reescreva as sentenças que você considerou falsas, tornando-as verdadeiras.

_____

_____

_____

4 Cite exemplos das atividades extrativistas mais comuns na região.

_____

_____

_____

_____

Região Nordeste

A Região Nordeste é composta do maior número de estados do país – nove, no total –, todos banhados pelo Oceano Atlântico. Observe o mapa.

Região Nordeste: político

Fonte: IBGE. *Atlas geográfico escolar*. 8. ed. Rio de Janeiro: IBGE, 2018. p. 94.

População

O Nordeste é a segunda região mais populosa do Brasil, atrás somente do Sudeste. A maior parte de sua população vive no litoral, principalmente nas capitais. A Região Nordeste tinha, segundo o Censo do IBGE de 2010, uma densidade demográfica de 34,15 habitantes/km².

Da formação do povo nordestino participaram principalmente o povo indígena, o africano e o europeu (portugueses e franceses). Houve também influência holandesa, uma vez que holandeses ocuparam grande parte do território no Período Colonial.

Por um longo período, os nordestinos costumavam migrar para outras regiões em busca de oportunidades de emprego – principalmente para a Região Sudeste. Embora esse tipo de migração ainda aconteça, hoje também são muitos os nordestinos que voltam para o Nordeste, por causa do desenvolvimento alcançado pela região nos últimos anos.

Relevo

O relevo nordestino é formado pela Planície Costeira (ou Litorânea) e pelo grande Planalto Nordestino, uma divisão do Planalto Brasileiro.

Hidrografia

O Rio São Francisco é o mais importante rio da região e se destaca não só por fazer a ligação fluvial entre o Nordeste e o Sudeste mas também pelo aproveitamento da força de suas águas para a produção de energia hidrelétrica. Nele localizam-se as usinas de Paulo Afonso, Sobradinho, Itaparica, Moxotó e Xingó. A barragem de Sobradinho forma o maior lago artificial do mundo.

Rio São Francisco. Juazeiro, Bahia, 2019.

Nos últimos anos, um tema bastante controverso envolve o Rio São Francisco: a transposição de suas águas para as regiões mais secas do Nordeste por meio de canais artificiais. Não há consenso: As obras beneficiarão as famílias mais pobres que não têm acesso à água? As águas alcançarão somente as propriedades das famílias mais ricas? A transposição vai secar o rio? O projeto segue em andamento.

Clima

A Região Nordeste está muito próxima à Linha do Equador e, por isso, seu clima é bastante quente, mas com muita variação de chuvas. No litoral, o clima é o tropical úmido; no sertão, no interior da região, é o tropical semiárido; no oeste do Maranhão, onde se localiza parte da Floresta Amazônica, o clima é o equatorial.

A seca é o grande problema do interior do Nordeste. Nos longos períodos de falta de chuva, os rios secam, o gado morre e muitas famílias são obrigadas a abandonar o lugar onde vivem. Para ajudar a combater a seca, são construídos **açudes**, **cisternas**, **cacimbas** e **canais de irrigação**.

GLOSSÁRIO

Açude: construção de terra, pedra, cimento ou outros materiais destinada a represar água para a agricultura, para a pecuária e para o consumo da população local.

Cacimba: poço de água.

Canal de irrigação: canal construído para regar as plantações.

Cisterna: reservatório de águas pluviais (das chuvas).

Vegetação

A vegetação do Nordeste é variada: Caatinga, Cerrado, Mata Atlântica, Mata dos Cocais e parte da Floresta Amazônica.

A Caatinga, vegetação típica do sertão, é a mais extensa, abrangendo grande parte dos estados do Ceará, Rio Grande do Norte, Paraíba, Pernambuco e Bahia, bem como o interior dos estados de Alagoas e Sergipe e o sudeste do Piauí.

Vegetação típica do Cerrado. Carolina, Maranhão, 2018.

Vegetação de Caatinga, em Iraquara, Bahia, 2018.

No Nordeste, à medida que nos dirigimos do oeste para o leste, a Floresta Amazônica vai desaparecendo e, em seu lugar, surge outra bem diferente – a Mata dos Cocais, que cobre grande parte do Maranhão e do Piauí. Próximo ao litoral, as áreas de Mata Atlântica recebem o nome de Zona da Mata.

Atividades econômicas

A pecuária é bem desenvolvida, e a região conta com os maiores rebanhos de gado caprino e asinino do Brasil, destacando-se os estados da Bahia, Maranhão, Ceará, Pernambuco e Piauí. Os caprinos são criados em toda parte, porque são muito resistentes à seca, mas a principal criação é a bovina.

O extrativismo também é muito importante. A pesca, principalmente a marítima, é abundante, pois o litoral é rico em camarões, lagostas e peixes.

No extrativismo vegetal, destaca-se o babaçu, árvore que fornece matéria-prima empregada na confecção de redes, cordas, vassouras, cestos, esteiras etc. O palmito é largamente utilizado na alimentação. De seu fruto (coco ou amêndoa), extrai-se um óleo usado na fabricação de gorduras, sabão e sabonete. Outra árvore muito explorada na região é a carnaubeira, da qual tudo se aproveita, da raiz às folhas. Ela é conhecida como a "árvore da providência".

Industria de corte de granito. Croatá, Ceará.

O sal marinho também é um importante recurso e é largamente produzido na parte norte do litoral nordestino, principalmente nos estados do Maranhão, Piauí, Ceará e Rio Grande do Norte, sendo este último o maior produtor do país. A elevada insolação e os ventos abundantes justificam a presença dessa atividade mineradora. As salinas de maior destaque se encontram em Macau, Mossoró e Areia Branca, no Rio Grande do Norte.

Fábrica de sal. Galinhos, Rio Grande do Norte.

Atualmente, o petróleo é a maior riqueza mineral da região. Grande parte do petróleo brasileiro é extraída do Nordeste, especialmente da Bahia e de Sergipe. Na região há também refinarias, como a de Mataripe, na Bahia.

Os principais produtos agrícolas são: feijão, mandioca, algodão, milho, cana-de-açúcar, sisal, mamona, cebola, cacau e frutas tropicais.

Indústria petroquímica. Camaçari, Bahia, 2017.

Os centros industriais mais importantes estão nas regiões metropolitanas de Salvador, Recife e Fortaleza. Na área industrial de Salvador, destacam-se os municípios de Camaçari, Aratu, Candeias e Simões Filho, com indústrias petroquímica, alimentícia, metalúrgica, entre outras. O Centro Industrial de Camaçari, na Bahia, está assumindo um papel bastante relevante, por atrair cada vez mais empresas. No Recife e em Fortaleza, é importante ressaltar as indústrias têxtil e alimentícia.

O turismo também se destaca no Nordeste. As belas praias, o clima quente e as festas tradicionais, somadas à expansão e à qualificação da rede hoteleira, fizeram dele uma das principais atividades econômicas da região.

Praia de Gaibu. Cabo de Santo Agostinho, Pernambuco, 2019.

ATIVIDADES

1 Complete corretamente as sentenças.

a) A _____ é a vegetação típica do semiárido nordestino.

b) A _____ cobre grande parte do Maranhão e do Piauí.

c) Há ocorrência de _____ na faixa litorânea do Nordeste, também conhecida como Zona da Mata.

2 Leia as frases e indique **V** para verdadeiro e **F** para falso.

☐ No Nordeste, região mais populosa do Brasil, a maior parte das pessoas vive nas áreas litorâneas e nas capitais.

☐ Atualmente, apesar do fluxo de migração da população do Nordeste para outras regiões, muitos migrantes nordestinos estão retornando à região de origem.

☐ O Rio São Francisco liga a Região Sudeste ao Nordeste. Por seu percurso ocorrer em terrenos planos, as águas do rio não podem ser aproveitadas para a geração de energia elétrica.

3 Quais são as principais atividades econômicas desenvolvidas na Região Nordeste?

_____

_____

_____

_____

4 Qual é sua opinião sobre a transposição do Rio São Francisco?

_____

_____

_____

Região Sudeste

A Região Sudeste é uma das menores regiões brasileiras, mas é a mais populosa e desenvolvida economicamente. Quatro estados formam essa região: Espírito Santo, Minas Gerais, São Paulo e Rio de Janeiro. No Sudeste, localizam-se os três maiores centros urbanos do Brasil: São Paulo, Rio de Janeiro e Belo Horizonte.

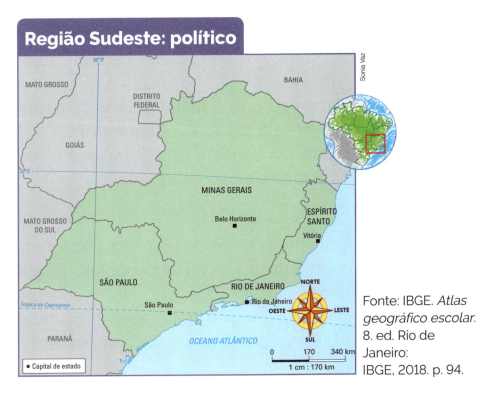

Região Sudeste: político

Fonte: IBGE. *Atlas geográfico escolar.* 8. ed. Rio de Janeiro: IBGE, 2018. p. 94.

População

A Região Sudeste é a mais populosa do país, com 86 356 952 habitantes em 2016, segundo o IBGE. De acordo com esses dados, ela abriga os três estados mais populosos do Brasil: São Paulo (44 749 699), Minas Gerais (20 997 560) e Rio de Janeiro (16 635 996).

A densidade demográfica da região em 2010, segundo o último Censo do IBGE, era a mais alta do país: 86,92 habitantes/km².

Desde o final do século XIX, a Região Sudeste, principalmente os estados de São Paulo e Rio de Janeiro, é um polo de atração populacional. Estrangeiros, como italianos, portugueses, alemães, japoneses, bolivianos e haitianos, vêm até os grandes centros do Sudeste em busca de emprego. Trabalhadores brasileiros, oriundos de outras regiões, principalmente da Região Nordeste, também seguem essa rota. Há muito tempo, a maior parte dos empregos procurados por esses trabalhadores era na indústria. Atualmente a maioria das vagas de trabalho encontra-se no setor de comércio e serviços.

225

Relevo

O relevo da Região Sudeste é formado pelo Planalto Atlântico, parte do Planalto Meridional e pela Planície Costeira (ou Litorânea). No Planalto Atlântico, há muitas serras, das quais se destacam as serras do Mar, da Mantiqueira, do Espinhaço e do Caparaó. Na Serra da Mantiqueira estão localizados os picos da Bandeira e das Agulhas Negras. A Serra do Mar percorre toda a faixa litorânea dos estados do Rio de Janeiro e de São Paulo.

O Planalto Meridional ocupa todo o centro-oeste de São Paulo e o oeste de Minas Gerais.

A Planície Costeira acompanha todo o litoral e se estreita em alguns trechos próximos à Serra do Mar. Nessa planície, encontramos a Baixada Fluminense, no Rio de Janeiro, e a Baixada Santista, que abrange a cidade de Santos e outras cidades do litoral do estado de São Paulo.

Hidrografia

Na Região Sudeste predominam os rios de planalto, encachoeirados. Entre as várias bacias hidrográficas, destacam-se a Bacia do Paraná, a Bacia do São Francisco e a Bacia do Atlântico Sudeste. Os rios que formam essas bacias são importantes economicamente para a região pela grande quantidade de energia elétrica que produzem. Na Bacia do Paraná, localizam-se as maiores usinas hidrelétricas do país.

O Rio Tietê é limpo em sua nascente, na cidade de Salesópolis, estado de São Paulo. Porém, ao atravessar a cidade de São Paulo e outras cidades vizinhas, fica poluído. Apesar disso, 100 quilômetros adiante, torna-se totalmente navegável novamente e menos poluído, avançando em direção ao interior até desaguar no Rio Paraná.

Luciano Queiroz/Pulsar Imagens

Ponte rodoferroviária sobre o Rio Paraná, que liga os estados de Mato Grosso do Sul e São Paulo, 2019.

Clima

O clima da região é o tropical úmido no litoral, mas, como tem predomínio de planaltos, ocorre também o clima tropical de altitude, com temperatura média amena e sem excesso de chuvas. No norte de Minas Gerais, o clima é o semiárido, com chuvas escassas.

Vegetação

A vegetação é variada: o Cerrado predomina em grande parte do estado de Minas Gerais e em pequenos trechos do estado de São Paulo; a Caatinga, no norte de Minas Gerais; os manguezais (vegetação litorânea) em terras alagadas; e a Mata Atlântica.

Vegetação de Cerrado no Parque Nacional da Serra da Canastra. São Roque de Minas, Minas Gerais, 2020.

Manguezal, em São Sebastião, São Paulo, 2019.

Mata Atlântica em Itatiaia, Rio de Janeiro, 2019.

Atividades econômicas

Na Região Sudeste, a agricultura é muito desenvolvida, com técnicas modernas – como o uso de máquinas no plantio, na colheita e no combate às pragas –, garantindo alta produtividade. Os principais produtos agrícolas da região são: algodão, cana-de-açúcar, café, arroz, milho, feijão, soja e frutas.

A pecuária bovina e suína é destaque nos estados de Minas Gerais e São Paulo. Em Minas Gerais encontra-se a maior criação de gado leiteiro do país. A avicultura é praticada em todo o Sudeste, principalmente em São Paulo.

O extrativismo mineral é uma atividade importante na região. Minas Gerais se destaca pela exploração de ouro, diamantes, pedras preciosas, água mineral e outros minérios. Já a extração do minério de ferro é feita em uma área da Serra do Espinhaço conhecida como Quadrilátero Ferrífero, onde o produto é extraído para ser exportado via Porto de Tubarão, no Espírito Santo. O petróleo é explorado em São Mateus (Espírito Santo) e nas Bacias de Campos (Rio de Janeiro) e de Santos (São Paulo).

O Sudeste é a região mais industrializada do Brasil. Ela é responsável por grande parte da produção nacional de veículos, artigos têxteis, farmacêuticos, calçados e alimentos. Há também indústrias químicas, mecânicas e metalúrgicas. Destaca-se a petroquímica, com as refinarias de petróleo de Cubatão, Capuava e Paulínia, em São Paulo, e a Companhia Siderúrgica Nacional, instalada em Volta Redonda, no Rio de Janeiro.

O comércio e os serviços também são muito desenvolvidos na região, concentrando a maior quantidade de agências bancárias, escritórios de empresas transnacionais, restaurantes, *shoppings* e outros centros de compra do país.

Indústria de chapas de madeira. Agudos, São Paulo, 2018.

1 Com base no que você aprendeu da Região Sudeste, relacione corretamente as colunas.

a) É a cidade mais populosa do Brasil.

b) São serras do Planalto Atlântico.

c) São baixadas localizadas na Planície Costeira (ou Litorânea).

d) É o estado da região mais rico em reservas minerais.

☐ Fluminense e Santista

☐ Serras do Mar, da Mantiqueira, do Espinhaço e do Caparaó

☐ São Paulo

☐ Minas Gerais

2 Leia as frases e indique **V** para verdadeiro e **F** para falso.

☐ O Tietê é um importante rio navegável da Região Sudeste. Atualmente, encontra-se despoluído em todo o seu curso.

☐ O petróleo é um importante recurso mineral encontrado no estado do Espírito Santo.

☐ Uma das indústrias mais importantes do Brasil, a Companhia Siderúrgica Nacional, localiza-se no estado de São Paulo.

☐ No Quadrilátero Ferrífero, destaca-se a produção de minério de ferro. O produto é exportado pelo Porto de Tubarão, no Espírito Santo.

3 Explique, com suas palavras, por que a Região Sudeste atraiu, ao longo de muitas décadas, trabalhadores de vários locais do Brasil e do mundo.

_____

_____

_____

_____

_____

_____

Região Sul

A Região Sul é a menor das regiões brasileiras, formada por três estados: Paraná, Santa Catarina e Rio Grande do Sul. Ela faz divisa com as regiões Sudeste e Centro-Oeste e com três países da América do Sul: Paraguai, Argentina e Uruguai.

População

A Região Sul tem a segunda maior densidade demográfica do país: 48,58 habitantes/km². Grande parte da população é formada por descendentes de imigrantes europeus (alemães, italianos, poloneses, ucranianos, holandeses e japoneses). Todos esses imigrantes contribuíram para o desenvolvimento da região, com sua cultura, costumes, danças, linguagem, vestimentas, habitação, pratos típicos, bebidas etc.

Relevo

O relevo da Região Sul é formado pelos planaltos Meridional e Atlântico e pela Planície Costeira (ou Litorânea). Por grande parte da região estende-se o Planalto Meridional, cuja maior elevação é a Serra Geral.

No Rio Grande do Sul, as altitudes do Planalto Atlântico tornam-se mais suaves, formando pequenas elevações isoladas, chamadas "coxilhas", que, na região, são conhecidas como Pampas.

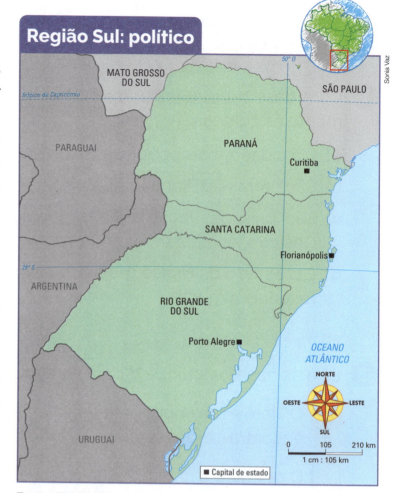

Região Sul: político

Fonte: IBGE. *Atlas geográfico escolar*. 8. ed. Rio de Janeiro: IBGE, 2018. p. 94.

Pampa gaúcho. Santana do Livramento, Rio Grande do Sul, 2020.

Hidrografia

O Rio Grande do Sul concentra a mais importante área de lagos e lagoas do Brasil, com destaque para as lagoas dos Patos, Mirim e Mangueira.

Banham a região duas grandes bacias: a do Rio Paraná e a do Rio Uruguai. O Rio Paraná corre na divisa entre os estados do Paraná e Mato Grosso do Sul, e separa o Brasil do Paraguai. Esse rio e seus afluentes formam um conjunto de rios de planalto com grandes quedas d'água, aproveitadas para a construção da usina hidrelétrica Itaipu Binacional. Já o Rio Uruguai separa o Rio Grande do Sul tanto de Santa Catarina como da Argentina.

Clima

O clima da região é o subtropical. Por isso, as estações do ano são bastante distintas.

No Sul, são registradas as mais baixas temperaturas do Brasil. O inverno costuma ser muito frio para os padrões brasileiros, com geadas frequentes em quase todas as áreas. Em locais de altitudes mais elevadas, pode até nevar.

Em quase toda a região, as chuvas se distribuem com relativa regularidade o ano inteiro. No Paraná e em Santa Catarina, as médias térmicas são maiores e chove principalmente no verão.

Vegetação

Por influência do clima e do relevo, a vegetação que compõe a região é a Mata dos Pinhais ou das Araucárias, a Mata Atlântica, os campos e a vegetação litorânea.

A Mata dos Pinhais ou das Araucárias é a que predomina no Paraná e em Santa Catarina. O pinheiro é a árvore típica dessa vegetação, que fornece madeira, fruto e celulose (fabricação de papel). A Mata Atlântica situa-se

Araucárias. Urupema, Santa Catarina, 2019.

nas costas das serras Geral e do Mar, já bastante devastadas. A vegetação litorânea é composta por mangues e vegetação de restinga. Já os campos (com vegetação rasteira) ocorrem principalmente na região dos Pampas, constituindo excelentes pastagens para o gado.

Fabio Colombini

231

Atividades econômicas

A agricultura é bem desenvolvida na região. Seus principais produtos são: café, trigo, arroz, algodão, milho, aveia, centeio, batata-inglesa, cebola e soja.

O Paraná e o Rio Grande do Sul são, respectivamente, o segundo e o terceiro estados que mais produzem soja no Brasil. A fruticultura é também muito praticada, destacando-se a uva, voltada para as indústrias de vinho da região.

A pecuária bovina do Rio Grande do Sul é uma das mais importantes do país. Geralmente, os rebanhos são criados soltos nas estâncias, isto é, nas grandes propriedades. A maior parte do gado destina-se ao corte. Uma parcela dessa carne é consumida na própria região; o restante é dividido entre os frigoríficos nacionais das principais cidades do país e a exportação.

O Sul tem o maior rebanho ovino do país. A lã originada das criações é responsável pelo abastecimento dos mercados interno e externo. As criações de suínos e de aves (principalmente perus) também são significativas, com destaque para Santa Catarina como o maior criador do Brasil nos dois segmentos.

Colheita de uva. Rosário do Ivaí, Paraná, 2017.

Pecuária bovina extensiva. Jataizinho, Paraná, 2020.

O extrativismo vegetal é um recurso muito importante da região. Ele é feito na Mata das Araucárias para fornecimento de madeira e erva-mate, com a qual se faz uma bebida muito apreciada pelos sulistas: o chimarrão.

O Sul detém a segunda maior produção industrial do Brasil, concentrada nas regiões metropolitanas de Porto Alegre e Curitiba. Outras indústrias de peso estão em Caxias do Sul, Garibaldi e Bento Gonçalves, onde se encontra o centro vinícola do país, no Rio Grande do Sul.

No Vale do Itajaí, em Santa Catarina, destaca-se a indústria têxtil nas cidades de Blumenau, Joinville e Brusque. No sul do estado, na região de Criciúma, desenvolvem-se ainda as indústrias de extração e exportação de carvão de pedra (carvão mineral).

ATIVIDADES

1 Os rios da Região Sul têm as características de rios de planalto. O que isso significa?

_____

2 Circule as vegetações típicas da Região Sul.

a)

b)

c)

Ilustrações: Claudio Chiyo

3 Reescreva a frase corretamente.

a) A usina Itaipu Binacional, localizada no Rio Guaíba, pertence somente a um país, o Brasil, e sua baixa produção de energia não é importante para o país.

_____

_____

_____

4 Explique a participação dos imigrantes no desenvolvimento da Região Sul.

_____

_____

_____

_____

5 Caracterize o clima da Região Sul.

_____

_____

_____

_____

_____

Região Centro-Oeste

A Região Centro-Oeste é a segunda região mais extensa do Brasil e a única que não é banhada pelo mar. Dela fazem parte três estados – Goiás, Mato Grosso e Mato Grosso do Sul – e o Distrito Federal.

Embora esteja localizado geograficamente no estado de Goiás, o Distrito Federal é autônomo. Nele, encontra-se a cidade de Brasília, capital do Brasil e sede do governo federal.

A Região Centro-Oeste faz limite com estados de todas as demais regiões brasileiras e com dois países da América do Sul: a Bolívia e o Paraguai.

Região Centro-Oeste: político

Fonte: IBGE. *Atlas geográfico escolar.* 8. ed. Rio de Janeiro: IBGE, 2018. p. 94.

População

A Região Centro-Oeste ainda é pouco povoada. Segundo o Censo do IBGE, em 2010 ela tinha a segunda menor densidade demográfica entre as cinco grandes regiões: 8,75 habitantes/km².

A construção da cidade de Brasília, inaugurada em 1960, contribuiu muito para o aumento da população regional.

Nas últimas décadas, com o avanço da criação de gado e das plantações de soja, a região recebeu muitos trabalhadores.

Trabalhadores na construção de Brasília, no Distrito Federal, 1959.

Relevo

O relevo do Centro-Oeste é formado pelo Planalto Central e pela Planície Mato-Grossense (ou do Pantanal).

O Planalto Central ocupa quase toda a região. Na maior parte dele, há serras e outras elevações, chamadas de chapadas. As principais são a dos Guimarães e a dos Veadeiros.

Morro da Baleia, na Chapada dos Veadeiros. Alto Paraíso de Goiás, Goiás, 2017.

A Planície Mato-Grossense localiza-se entre os estados de Mato Grosso e Mato Grosso do Sul. Ela permanece inundada durante seis meses por ocasião das cheias do Rio Paraguai e de seus afluentes.

Área inundada no Pantanal. Corumbá, Mato Grosso do Sul, 2018.

235

Hidrografia

A região é banhada pelos rios Paraná e Paraguai, da Bacia Platina, pelo Rio Araguaia, da Bacia do Tocantins-Araguaia, e pelo Rio Xingu, da Bacia Amazônica.

Clima

O tipo de clima predominante no Centro-Oeste é o tropical, com temperaturas elevadas e duas estações bem definidas: a chuvosa e a seca.

A estação chuvosa começa em setembro e vai até junho; a estação seca ocorre em julho e agosto.

Ao norte da região, onde se encontra a Floresta Amazônica, o clima é equatorial, quente e úmido, com chuvas abundantes o ano todo e temperaturas elevadas.

Vegetação

Na região, a vegetação é variada. As principais formações vegetais são Cerrado, Floresta Amazônica, Floresta Tropical, Campos e Complexo do Pantanal.

O Cerrado domina quase todo o Centro-Oeste. Sua vegetação é formada por árvores baixas, distantes umas das outras, com troncos e galhos retorcidos e folhas grossas.

O Cerrado da região Centro-Oeste é a maior área de pastagem natural do Brasil.

O Complexo do Pantanal espalha-se pelo Pantanal Mato-Grossense. Ele é composto de uma variedade muito grande de plantas e contém quase todos os vegetais existentes na região. Essa área enfrenta longos períodos de inundação. Os Campos podem ser vistos no sul do Mato Grosso do Sul.

A Floresta Amazônica, já muito devastada pela extração de madeira e pela agropecuária, localiza-se ao norte do estado de Mato Grosso.

Vegetação típica do Cerrado.

Fabio Colombini

Atividades econômicas

O extrativismo vegetal é uma atividade econômica muito importante no Centro--Oeste. Madeira, látex, babaçu, castanha-do-pará, erva-mate e quebracho são os principais produtos explorados. Quebracho é uma árvore da qual se extrai o tanino, substância usada em couros para que eles não apodreçam. No extrativismo mineral, os principais minérios explorados são: cristal

Plantação de arroz. Miranda, Mato Grosso do Sul, 2018.

de rocha, níquel, manganês e ferro. A agricultura é praticada principalmente em Goiás e no Mato Grosso do Sul, destacando-se o cultivo de arroz, soja, mandioca, feijão, milho e trigo.

A pecuária é a principal atividade econômica da região, que tem o segundo maior rebanho bovino do Brasil. O Pantanal é a mais importante área de criação.

O complexo industrial no Centro-Oeste é ainda pouco significativo. Suas indústrias são pequenas, destacando-se as de produtos alimentícios, minerais não metálicos e de madeira. Goiânia e Campo Grande são os centros fabris mais importantes.

ATIVIDADES

1 No caderno, caracterize a economia da Região Centro-Oeste.

2 Ligue corretamente as colunas.

a) chapadas

b) pantanal

área alagadiça nos períodos de chuva

elevação íngreme com o topo aplainado

237

O país em que vivo e o país em que eu poderia viver

Ao longo de todo este livro, você aprendeu muitas coisas sobre nosso país – regiões, estados, municípios –, e até mesmo sobre seu bairro.

Pôde também conhecer os serviços públicos. Viu que eles são um direito seu e devem ser garantidos pelos nossos representantes políticos e seus funcionários. Soube, ainda, sobre seus deveres para que possa viver em harmonia com todos.

Aprendeu que o Brasil é um país de dimensões continentais (muito grande) e é muito rico, com jazidas de minerais, solo fértil, muitos rios e água potável. Essa riqueza, porém, nem sempre é partilhada entre todos. Ainda vivemos em uma sociedade em que transporte, saúde, educação, moradia, água e alimentação não estão disponíveis para todos os cidadãos, já que muitos não têm dinheiro para pagar por esses serviços. Além disso, nem todos os políticos interessam-se em garantir esses direitos a todos.

1 Escreva no caderno um pequeno texto com sua visão sobre o que aprendeu até agora. Nele, leve em consideração a desigualdade em meio a tanta riqueza. Pense nas condições em que vivemos e em que condições todos poderíamos viver.

BRINCANDO

1 Ligue os pontos e descubra que bebida é esta, muito popular na Região Sul e que é servida bem quente. Escreva o nome dela abaixo.

_____

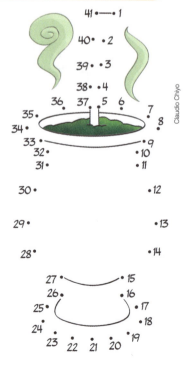

Cláudio Chiyo

ATIVIDADES

Estamos acostumados a visualizar o território brasileiro em cinco regiões: Norte, Nordeste, Sudeste, Sul e Centro-Oeste.

Embora essa seja a regionalização oficial, ela não é a única; outras divisões foram propostas para compreendermos outros aspectos do território nacional.

Uma delas é a divisão em "regiões geoeconômicas" ou "complexos regionais"; ela organiza o Brasil em três grandes regiões e busca demonstrar o dinamismo e a relação que se estabelecem entre elas.

Segundo essa proposta, a Região Centro-Sul concentra as principais atividades econômicas industriais do território, além das atividades agrícolas mais modernas e rentáveis.

Brasil: regiões geoeconômicas

Fonte: IBGE. *Atlas geográfico escolar*. 8. ed. Rio de Janeiro: IBGE, 2018. p. 150.

A Região Amazônica é caracterizada pela concentração de recursos naturais ainda não explorados pelas atividades econômicas.

Já a Região Nordeste, em razão do clima semiárido do interior e da histórica concentração de renda, é uma região com predomínio da emigração, tendo fornecido ao longo do tempo mão de obra para as outras duas regiões.

Agora que conhecemos uma nova forma de regionalizar o Brasil, vamos colocar essas informações no mapa ao lado?

Fonte: IBGE. *Atlas geográfico escolar.* 8. ed. Rio de Janeiro: IBGE, 2018. p. 150.

Brasil: regiões geoeconômicas

Legenda

1 Pinte o mapa conforme a proposta de regionalização apresentada.

2 Posicione corretamente no mapa os elementos apresentados abaixo. Não esqueça de construir uma legenda indicando os nomes das regiões e suas respectivas cores, além dos ícones utilizados.

Biodiversidade e recursos naturais ainda preservados	Principais atividades industriais	Principal fluxo emigratório	Avanço das atividades agrícolas